人民出版社

东方出版社

90

人民出版社
九十年
PEOPLE'S PRESS, 90
1921-2011

人民出版社

中共代表合影

2011年9月1日　大北照相

90
1921-2011
人民出版社

向曾经和仍在为人民出版社
辛勤工作的同志们致敬！

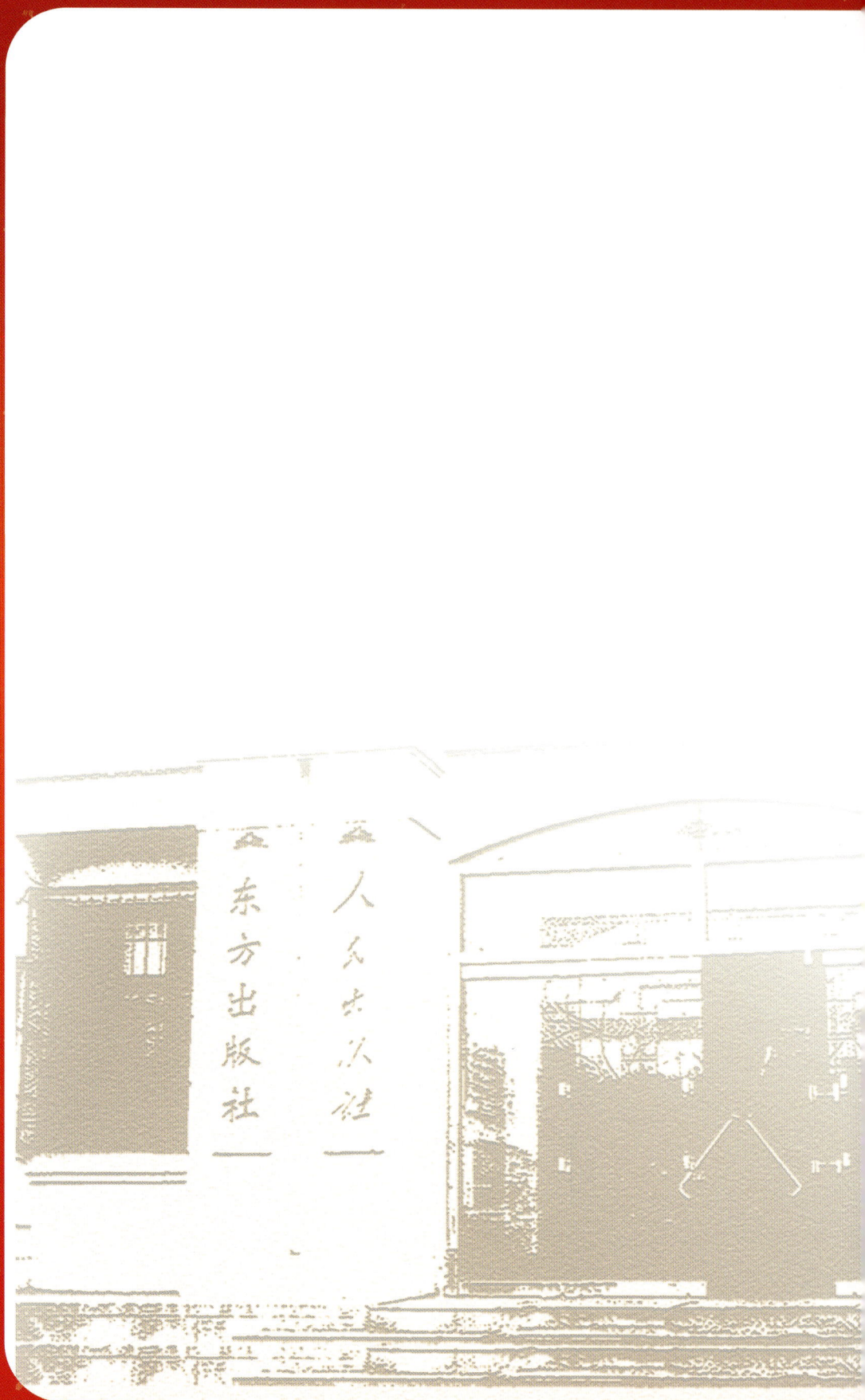

简介 Introduction

人民出版社

人民出版社始建于 1921 年 9 月，重建于 1950 年 12 月，是新中国最重要的政治理论书籍出版社和著名的哲学社会科学综合出版社。毛泽东主席亲笔题写的"人民出版社"社名，广泛使用在我社各类出版物上，成为人民版图书最为显著的形象标志。

人民出版社自建社以来，始终肩负着崇高的历史使命，即：出版马列主义、毛泽东思想及中国特色社会主义理论体系经典原著和研究、普及著作，党和国家的重要文件、文献、法律汇编，党和国家领导人的文集、传记，围绕党和国家中心工作出版的普及类读物，党史和党建著作，政治、哲学、经济、历史、法律、文化、国际问题等方面的一流学术著作，以及重要人物传记、哲学社会科学工具书和教材等。90 年来，人民出版社先后出版图书两万余种，发行图书期刊 20 多亿册，上缴国家利税数亿元，为我国的出版事业作出了卓越贡献。

1986 年，作为人民出版社副牌的东方出版社成立，在致力于出版国内社科领域学术文化精品图书的同时，引进并出版了大量的国外具有重大影响的社会科学图书。目前，东方出版社与人民出版社已成为中外出版文化交流的重要基地。

人民出版社除出版图书外，还主办了多种期刊等。《新华月报》、《新华文摘》和《人物》在读者中久负盛名。《新华月报》是与共和国同时诞生的政治性、文献类大型综合半月刊，忠实地记录了共和国 60 多年来的光辉历程；《新华文摘》是大型的综合性、学术性、资料性半月刊，多角度、多层次地反映了中共十一届三中全会以来中华大地文化学术繁荣的风貌和发展概况，深受海内外学者赞誉，被称做"杂志的杂志"、"当代中国文化学术信息之窗"，多次获国家期刊奖；《人物》是以介绍古今中外各类名人为己任的月刊，取材丰富，雅俗共赏，曾多次被评为优秀杂志。近年来，人民出版社承建了"中国共产党思想理论资源数据库"，创办了"中国理论网"。

目录
Table of Contents

★ ★ ★ ★ ★ ★ ★ ★ ★

90
1921-2011
人民出版社

第
一
篇

辉煌庆典

Glorious Celebration

继承传统 开拓创新

多出好书 服务人民

温家宝
二〇一一年
八月廿七

温家宝同志题词（2011年）

人民出版社
创建90年

中共中央政治局常委李长春同志亲切接见出席人民出版社创建九十周年纪念大会的部分代表

在人民出版社创建九十周年纪念大会上的讲话

中共中央政治局常委　李长春

同志们：

今年是中国共产党成立九十周年，也是我们党创办人民出版社，开拓党的出版事业九十周年。在此，我代表党中央向人民出版社成立九十周年表示热烈的祝贺！向人民出版社的全体员工、离退休老同志致以亲切的问候！向一向关心、支持人民出版社的工作，在思想理论各个方面踊跃地投稿、踊跃地提供书稿的宣传思想理论方面的专家、学者致以崇高的敬意！

人民出版社创办于1921年9月份，与我们党同龄，是我们党创办的第一个出版机构，一直得到党和国家的高度重视。从成立之日起，就以传播马克思主义为己任，成为党和国家重要的宣传思想文化阵地，成为马克思主义理论读物的出版中心，成为哲学社会科学重要的出版基地。

改革开放，特别是进入新世纪以来，在人民出版社全体员工的努力下，出版了大量的马克思主义经典著作、党和国家领导人的专著，宣传党的路线、方针、政策，也出版了很多国家水准的哲学社会科学专著。为传播马克思主义，宣传党的路线方针政策，丰富人民群众的精神文化生活，推进繁荣哲学社会科学事业，增强我们国家的软实力，特别是在推进马克思主义中国化、时代化、大众化，在不断巩固马克思主义在意识形态领域的指导地位，巩固全党全国各族人民团结奋斗的思想基础方面，做了大量的、卓有成效的工作，做出了重要贡献，得到了党和国家的高度肯定，也受到了人民群众和广大读者的一致好评。借此机会，对人民出版社的全体员工和离退休的老同志，在人民出版社的建设上，在为国家的贡献上，所取得的成绩，表示衷心的感谢！

当前，全党和全国各族人民正在深入学习贯彻胡锦涛总书记"七一"重要讲话精神，为实现"十二五"确定的目标任务而努力奋斗。我们正站在一个新的历史起点上，全面推进中国特色社会主义的伟大事业。在这一个形势下，人民出版社大有可为、大有作为。希望人民出版社能够按照"高举旗帜、围绕大局、服务人民、改革创新"的总要求，紧紧服务于党和国家的工作大局，牢牢把握正确的出版方向，再立新功，再接再厉，再创辉煌！

具体来说呀，有这么几点跟大家共勉：

第一，要围绕着巩固马克思主义在意识形态领域的指导地位，和巩固全党全国各族人民团结奋斗的共同思想基础为中心，完成好党和国家交办的政治性、理论性、公益性的出版的光荣任务，为社会主义先进文化更加深入人心取得新的进展。

第二，围绕着内部机制的改革，探索公益性的出版单位怎么样增强活力、改善服务的体制机制，在这个方面取得新的突破。

第三，高度重视现代科技对出版发展的重要作用，进一步提高出版的技术水平，探索新的业态，提高传播能力。创优质、创品牌、创一流。能够在服务读者、扩大社会影响力方面，争创新的优势。

第四，进一步加强人才和队伍的建设。出版社是知识密集的单位，出版社的水平体现在人才和队伍的建设。希望进一步不断地提高队伍的水平、人才建设的水平，为人民出版社的可持续发展提供人才支撑。

总之，希望我们人民出版社继续发挥好重要的宣传思想文化阵地的作用，继续发挥好马克思主义理论读物的出版中心的作用，继续发挥好国家水准的哲学社会科学出版重要基地的作用，为夺取全面建设小康社会新胜利、开创中国特色社会主义事业的新局面做出新的更大的贡献！谢谢！

最后，我还是要说两句，按照中办的规定啊，只允许我出席照相，不允许我出席会议，所以我在这里面，预祝我们的会议圆满成功！另外，云山同志还要作全面的、重要的讲话，我只是发表个序言，谢谢大家！

中共中央办公厅

贺 信

人民出版社：

欣闻你社迎来建社 90 周年，谨向你们表示热烈祝贺。

90 年来，人民出版社为宣传普及马克思主义、繁荣哲学社会科学、丰富广大人民群众精神文化生活作出了重要的贡献。希望你们再接再厉、多出好书，当好党和人民出版事业的排头兵，为推进马克思主义中国化时代化大众化、发展社会主义先进文化和建设社会主义核心价值体系再立新功。

习近平

2011 年 8 月 31 日

习近平同志贺信

中华人民共和国国务院办公厅

　　祝贺人民出版社创建 90 周年，并向全社员工表示诚挚问候！希望并相信你们一定能够继承优良传统，不断开拓创新，更好地发挥国家出版社的作用。

李克强

2011 年 9 月 27 日

传[2011]11256号

国秘复印件

★国务院收文 2011-09-28

李克强同志贺信

慶九旬再譜華章

蒿石

乔石同志题词（2011年）

人民出版社
——创建90年——

在人民出版社创建九十周年纪念大会上的讲话

中共中央政治局委员、中央书记处书记、中宣部部长　刘云山

各位专家、学者，同志们、朋友们：

今天，我们怀着一种崇敬的心情在这里隆重纪念人民出版社创建 90 周年。会前，中共中央政治局常委李长春同志代表党中央亲切地接见了与会代表，高度评价人民出版社 90 年取得的辉煌成就和发挥的巨大作用，对进一步做好人民出版社工作提出明确的要求和殷切的期望，这充分体现了党中央对人民出版社的高度重视和亲切关怀。刚才，柳斌杰、衣俊卿、黄书元、薛德震、张振明等同志围绕人民出版社 90 年来的变迁和变化，深情回顾了不平凡的发展历程，满怀信心地展望未来发展前景，讲得都非常好。在此，我谨向人民出版社的全体同志表示热烈的祝贺，向为人民出版社的发展付出心血作出贡献的老同志致以崇高的敬意，向长期以来关心支持党的出版事业的各界人士表示衷心的感谢！

人民出版社是我们党亲手创办的第一个出版机构，是和党同龄的国家的重要的宣传文化阵地，是马克思主义出版中心，是哲学社会科学的出版基地。我们党始终高度重视人民出版社的工作，以毛泽东、邓小平、江泽民同志为核心的三代中央领导集体多次作出重要指示、先后亲笔题词，为人民出版社的建设和发展指明了正确的方向。以胡锦涛同志为总书记的党中央从全局的高度，进一步明确了新形势下人民出版社的职责定位，为出版社的长远发展提供了有力的政策保障。90 年来，人民出版社与党和国家的事业发展共进步，始终坚持为人民服务、为社会主义服务的正确方向，积极传播马克思列宁主义、毛泽东思想和中国特色社会主义的理论体系，深入宣传党的路线方针政策，大力推动社会主义先进文化的建设，为党领导的革命、建设和改革事业做出了重要的贡献，为满足人民群众精神文化需求发挥了重要作用。90 年来，人民出版社在开拓中前进、在探索中成长，紧跟世界出版潮流，运用新的出版技术，内容、业态更加丰富，作用、影响不断增强，成为我国出版战线的排头兵。90 年来，人民出版社一代又一代的出版工作者以对党的事业的忠诚和执著，

与时俱进、开拓创新，展示出了良好的工作作风和精神风貌。实践证明，人民出版社的工作是卓有成效的，人民出版社的队伍是值得党和人民信赖的。

现在，我们党和国家已经站在一个新的历史起点上，中国特色社会主义事业呼唤着文化的繁荣和发展。希望人民出版社和整个出版战线深入学习贯彻胡锦涛总书记"七一"重要讲话精神，在把握正确导向上不断取得新的进步，在加快改革发展上不断实现新的突破，在促进事业繁荣上不断迈出新的步伐，更好地发挥文化引导社会、教育人民、推动发展的功能。

第一，始终坚持先进文化的前进方向，切实肩负起弘扬社会主义核心价值体系的重要责任。社会主义核心价值体系是社会主义文化的灵魂，是全国各族人民团结奋斗的精神纽带。发展社会主义先进文化，必须高扬自己的文化理想，坚持以社会主义核心价值体系引领多变多元的社会意识，努力把社会主义核心价值体系融入到国民教育、精神文明建设和党的建设的全过程。要着眼于巩固马克思主义的指导地位，进一步抓好马克思主义理论读物的编辑出版，抓好党的理论创新成果的宣传普及，积极推进马克思主义的中国化、时代化、大众化。要着眼于坚持中国特色社会主义的共同理想，弘扬爱国主义为核心的民族精神和改革创新为核心的时代精神，践行社会主义荣辱观，推出更多倡导良好思想道德的优秀出版物。

第二，始终坚持服务大局的基本要求，切实肩负起

宣传党和国家方针政策的重要责任。出版事业是党和国家事业的重要组成部分，围绕中心、服务大局是出版战线的根本职责。要坚持在大局下思考、在大局下行动，大力宣传党的路线方针政策，宣传中央的重大决策部署，宣传国家的重要法律法规，切实把服务大局的要求贯穿到出版工作的导向、基调和内容上。要着眼新的形势、新的任务，推动出版工作者深入改革建设的第一线，不断加深对经济社会发展新的阶段性特征的认识和理解，加深对科学发展这一主题和加快转变经济发展方式这一主线的认识和理解，更好地反映实践的成果、国家的发展和社会的进步。要在认清国情、认清大局的基础上，进一步明确出版工作的定位，推出更多有利于增进共识凝聚力量、有利于鼓舞人心振奋精神、有利于解疑释惑平衡心理的优秀出版物，为促进改革发展、维护社会和谐稳定发挥积极的作用。

第三，始终坚持高水准高品位的发展理念，切实肩负起传承中华文明、促进学术繁荣的重要责任。出版物是民族文化延续不绝、代代相传的重要载体，出版事业是传播知识、传承文明的神圣事业。中华民族五千年文明之所以生生不息，与华夏儿女坚持著书立说、重史修典的优良传统密切相关。浩如烟海的历史典籍，不仅记录和传承着优秀中华文化，也架起了与外来文化沟通交流的桥梁。即使在新兴传播手段迅猛发展的今天，出版仍然是知识传播、文化积累的重要渠道。我们要坚持不忘本来、吸收外来、面向将来，坚守民族文化立场、珍

视和传承优秀历史文化遗产，树立开放包容的胸怀、借鉴和吸收人类一切优秀文明成果。要紧跟当代文化的发展潮流，密切关注理论创新、学术创新的前沿动态，及时反映各领域、各学科的最新成果，以更多具有中国风格的高水平、原创性的出版精品，丰富我国的文化宝库，促进世界的文明进步。

第四，始终坚持人民至上的价值追求，切实肩负起满足人民群众精神文化需求的重要责任。人民群众既是推动出版事业发展的主体，又是出版事业服务的对象。满足群众需求、服务人民大众，始终是一个带根本性、方向性的问题，始终是出版工作永恒不变的使命。人民出版社以"人民"二字命名，就鲜明地表达了出版工作为了人民、属于人民、服务人民的根本性质。要牢固树立群众观点，站稳群众立场，增进群众感情，深入贯彻党的群众路线，积极实施面向普通百姓的重大出版项目，进一步完善出版公共服务体系，提高公共文化产品的供给能力，切实保障人民群众的基本文化权益。要认真贯彻"三贴近"原则，强化大众视野，关注群众诉求，牢固树立以人民为中心、以普通大众为对象的出版导向，多提供群众买得起、用得上的优秀文化产品和文化服务，让广大人民群众共享文化发展的成果。要积极适应人们的生活方式、阅读形式的新的变化，不断丰富出版的内容形式、手段和载体，使我们的出版物真正成为人民群众学习、工作和生活的良师益友。

第五，始终坚持改革创新的时代精神，切实肩负起

推动文化大发展大繁荣的重要责任。文化是引领风气之先的工作，也是最需要创新的领域。增强出版业发展的动力、活力，必须大力弘扬改革创新的精神。近年来，出版领域改革走在文化体制改革的前列，给出版业的发展带来了蓬勃生机。但要看到，改革不会一蹴而就、也不是一劳永逸，解决制约出版业发展的深层次矛盾，根本的出路仍然在改革。要继续深化出版领域的改革，积极推进体制机制的创新，形成具有中国特色的出版业发展格局。要推出更多面向世界的讲述中国故事、展示中国形象、弘扬中国精神的出版物，不断提升中华文化的影响力。要坚持用先进的技术建设和传播先进文化，大力促进出版领域的科技创新，积极推动传统出版业的现代化转型，推动出版业业态的快速发展。人民出版社作为国家公益性的出版单位，要充分发挥自己的品牌优势，深化内部改革，创新发展模式，增强发展后劲，努力走出一条公益性出版社改革发展之路。

人才资源是第一资源，队伍建设是基本保障。长期以来，广大出版工作者用自己的智慧、心血和汗水，谱写了党的出版事业的辉煌篇章，也创造了宝贵的精神文化财富。希望我们的出版工作者牢记党和人民赋予的光荣使命，珍惜伟大时代提供的良好机遇，继承优良传统、坚守社会责任，弘扬职业精神、恪守职业道德，树立出版工作者的良好形象。各级宣传部门和新闻出版部门要坚持尊重劳动、尊重知识、尊重人才、尊重创造，拓宽人才培养的渠道，优化人才成长的环境，充分调动广大出版工作者的积极性主动性和创造性，推动形成党的出版事业人才辈出、人尽其才的良好局面，推动中国特色社会主义出版事业的繁荣和发展。

最后，我要用李长春同志刚才接见大家时候讲话的两句话来结束我的讲话：人民出版社大有可为，人民出版社要再创辉煌！

谢谢大家！

人民出版社 创建90年

在人民出版社创建九十周年纪念大会上的讲话

新闻出版总署署长 柳斌杰

尊敬的云山同志、延东同志，各位来宾、同志们：

人民出版社是中国共产党成立后创建的第一个出版机构。今天，我们在人民大会堂隆重召开人民出版社创建90周年纪念大会，回顾党的出版事业发展历程，意义十分重大。首先，我代表新闻出版总署，对人民出版社创建90周年表示热烈的祝贺！向长期以来关心和支持新闻出版工作的中央领导同志、各部门各单位领导和专家学者表示衷心的感谢！向人民出版社的全体职工和离退休老同志致以崇高的敬意！

刚才，中共中央政治局常委李长春同志亲切接见了人民出版社代表和有关方面的同志，发表了语重心长的讲话，充分肯定了人民出版社90年来为党的出版事业作出的重要贡献，对在新形势下进一步做好新闻出版工作、把人民出版社办得更好，提出了殷切希望和更高的要求。云山同志、延东同志亲临今天的纪念大会，云山同志还将发表重要讲话。这充分体现了以胡锦涛同志为总书记的党中央对人民出版社和全国新闻出版战线的高度重视和亲切关怀，是对全体新闻出版工作者的巨大鼓舞和激励。我们一定要认真学习、深刻领会中央领导同志的重要指示，把讲话精神变成做好新形势下新闻出版工作的巨大动力。

1921年7月，中国共产党刚刚成立，就作出了办社办刊办报的决定。1921年9月，人民出版社就在党的重要创始人之一李达同志的亲自主持下诞生了。90年来，在党中央的领导下，人民出版社始终与党的事业紧密相连，同呼吸、共命运，从艰苦卓绝的革命战争岁月，到波澜壮阔的社会主义革命时期，再到日新月异的改革开放的伟大时代，人民出版社都是高举旗帜，传播真理，引领先进思想新潮流。在党的各个历史时期，人民出版社都始终围绕着党和国家的大局开展工作，在传播马克思主义，宣传党的方针政策，繁荣哲学社会科学，提高国家文化软实力，特别是在大力推进马克思主义中国化时代化大众化方面，作出了不可磨灭的贡献，受到党和国家的高度重视，得到广大读者的信任和支持。

一是积极传播马克思主义真理，翻译、出版了一大批马克思主义经典著作和中国特色社会主义理论体系的重要文献，为推进马克思主义中国化时代化大众化作出了突出贡献。建社初期，在极其艰苦的条件下，就出版了《马克思全书》、《共产党宣言》等12种马列著作；新中国成立后出版了《马克思恩格斯全集》、《列宁全集》、《斯大林全集》；党的十六大以来出版的马克思主义理论研究和建设工程的重大项目《马克思恩格斯文集》、《列宁专题文集》受到中央的高度肯定。人民出版社十分重视马克思主义理论创新成果的出版，积极推进马克思主义中国化时代化大众化，先后出版了我们党和国家领导人的重要著作，如《毛泽东选集》、《邓小平文选》、《江泽民文选》和胡锦涛总书记重要讲话系列单行本，还出版了周恩来、刘少奇、朱德、陈云等党和国家领导人的著作。90年来，人民出版社出色地完成了马克思主义经典著作和马克思主义重要理论成果出版传播的重要任务，是我国最重要的马克思主义理论读物出版基地，为普及和传播马列主义、毛泽东思想和中国特色社会主义理论体系作出了重大贡献。

二是积极宣传党和国家的大政方针和重大决策，及时出版了大量党和国家重要文件、文献，出版了一批传播社会主义先进文化、宣传社会主义核心价值体系的优秀政治理论读物。新中国成立以来，人民出版社一直承担着党的历次代表大会、全国人民代表大会、全国政协会议的文件以及国家颁布的重要法律、法规的出版任务，并组织出版了一大批宣传和解释党和国家路线、方针、政策、法律、法规的普及读物。紧紧围绕党和国家在各个时期的中心工作，出版了一大批党史、党建论著，思想政治教育普及读物及主题出版物。如建国初期出版的《论人民民主专政》、《论共产党员的修养》和"干部必读"丛书等，产生了重大社会影响。近年来，为全面落实科学发展观、构建社会主义和谐社会，出版了一大批阐释科学发展观、国家重大战略决策的图书；在纪念改革开放30周年、庆祝新中国成立60周年和中国共产党成立90周年等主题出版工作中，人民出版社充分发挥主力军作用，出版了《辉煌成就》、《复兴之路》、《社会主义通史》、《共产党通史》等几百种重点图书，为子孙后代留下了永恒的记忆。此外，还出版了大量的理论通俗读物，如《理论热点面对面》系列图书等，有效地发挥了以先进文化引导社会、教育人民、推动发展的作用。

三是积极出版学术精品力作。充分发挥哲学社会科学方面的综合优势，出版了大批具有重要研究价值、传承价值和学术价值的精品力作，促进了哲学社会科学的繁荣发展。新中国成立以来，在哲学社会科学各领域卓有成就的知名学者和文化名人，大多选择在人民出版社出版作品，许多精品力作多次重印或再版，蜚声海内外。冯友兰的《中国哲学史新编》，侯外庐主编的《中国思想通史》，薛暮桥的《中国社会主义经济问题研究》，严中平主编的《中国近代经济史》，范文澜、蔡美彪等的《中国通史》等，以及《希腊哲学史》、《世界通史》、《"十二五"规划战略研究》等一大批代表各学科领域最高水平的学术精品著作的出版，为传承和积累优秀学术文化、推动我国哲学社会科学大繁荣作出了突出成绩。

四是积极造就作者队伍和编辑队伍。重视人才的培养和队伍建设是一个优良传统，既聚集了一批在马克思主义研究领域有重要影响力的专家学者作为作者队伍，又造就了一大批忠诚于党的出版事业的政治强、业务精

的出版家、编辑家。人民出版社一建立，就把培养革命者作为首要任务，一大批早期党的领导人，都是人民出版社的作者或编辑。在这些知名专家学者中，既有人民出版社的创建者、我党早期领导人李达，重建后的第一任社长、著名学者胡绳，又有曾在人民出版社工作过的王子野、华应申、叶籁士、曾彦修、冯宾符、张明养、陈原、王仿子、周保昌、范用、陈翰伯、王益等许多老革命家、老专家、老学者。他们忠诚履行使命，不负人民重托。有的毕生从事翻译、研究、传播马克思主义，参与或组织撰写、出版了大量马克思主义理论著作，用自己的一生传播马克思主义；有的致力于党的出版事业，公而忘私，默默奉献，用自己的智慧和汗水，为中华文化的传承和发展，奉献了青春和年华。在人民出版社成长起来一大批出版家和编辑家。

90年来，几代人民出版社的出版人共同创出了人民出版社的品牌，树立了人民出版社的形象。从20世纪80年代以来，人民出版社有2000多种图书荣获省部级以上图书奖。如荣获国家图书奖、中国出版政府奖的《马克思恩格斯文集》、《列宁专题文集》、《中国通史》、《胡绳全书》、《艾思奇全书》等，"五个一工程"奖的《马克思主义史》，优秀通俗理论读物奖的《理论热点面对面》，中国图书奖和中华优秀出版物奖的《胡乔木回忆毛泽东》、《李大钊全集》等。特别是2010年"七一"前夕正式上线运行的中国共产党思想理论资源数据库工程，对于推动马克思主义中国化时代化大众化，特别是中国特色社会主义理论体系的传播，具有战略性的重大意义，也标志着人民出版社在数字出版领域走在了全国前列。人民出版社多次被广

大读者评为最喜爱的出版社，被新闻出版总署评定为"全国优秀出版社"、"全国新闻出版系统先进单位"、"全国新闻出版行业文明单位"，多次获得"中央国家机关文明单位"、"首都文明单位"等殊荣。这都是人民出版社形象的升华。

可以说，人民出版社作为我国出版界的突出代表，见证了90年来党的出版事业由小到大、由弱变强的发展历程。今天举行90周年纪念活动，不仅是对人民出版社历史进程的回顾，也是对党的出版事业辉煌成就的一次回顾和总结。

当前，我国新闻出版业已经进入了改革发展的新阶段。人民出版社等事业性出版单位在新形势下如何改革和发展，依然是党和国家关注的问题。胡锦涛总书记明确指出，要稳步推进公益性文化事业单位改革，推动形成责任明确、行为规范、富有效率、服务优良的公共文化服务运行机制。长春同志和云山同志、延东同志对于指导和推进事业性出版单位改革发展，也曾多次作出重要批示和指示。希望人民出版社不辜负党和国家的期望，从党和国家事业发展的全局和战略高度出发，坚持为人民服务，为社会主义服务，为党和国家工作大局服务，牢牢把握正确出版导向，不失时机地深化改革，抓住机遇加快发展，切实担负起党和国家交给的重大出版任务，真正成为公共文化服务的合格主体。

一是要多出精品力作，进一步加强马克思主义理论读物的出版工作，努力推进马克思主义中国化时代化大众化。人民出版社是担负党和国家政治宣传任务的出版社，必须要紧紧围绕党和国家的工作大局，自觉肩负起全面、系统、深入宣传马克思主义、毛泽东思想和中国特色社会主义理论体系的神圣使命，坚持推进马克思主义中国化时代化大众化。要进一步做好马克思主义理论成果的出版，特别是做好马列经典著作修订出版工作；要进一步做好中国特色社会主义理论体系建设和党的理论创新成果的出版工作；要进一步做好党的路线方针政策的宣传工作，组织出版有关党的历史和现代化建设所需要的政治、经济、文化、科技、社会等方面的普及性读物；要以强烈的精品意识、超前意识和长远眼光，着力推出哲学社会科学领域代表国家水平、体现时代精神、能够传之久远的学术著作，使人民出版社不仅成为功能齐全的政治理论读物出版中心，也要成为学术出版和文化建设的重要基地。

二是要加快改革步伐，创新有利于出版大发展的体制机制，使人民出版社在事业性出版单位改革方面发挥示范作用。当前，全国事业单位体制改革已经全面推开，绝大多数图书出版单位已转制为企业，非时政类报刊体制改革也已全面启动，出版体制改革取得了重大突破。为了切实担负起党和国家交给的重大政治性、理论性和不能用市场调节的出版任务，人民出版社保留了事业单位。但事业单位也要深化改革，要按照中央关于分类推进事业单位改革的指导意见和深化出版体制改革的精神，加快人民出版社的改革。一方面，要加快实施事企分离，落实人民东方出版传媒有限公司的组建，依据市场规则运行，承担经营性出版业务。另一方面，要深化作为事业单位的人民出版社内部改革，建立健全法人治理结构，深化人事制度、收入分配制度和社会保障制度的改革，建立有效的激励和约束机制，充分调动编辑、出版和管理人员的积极性和创造性，增强发展活力，提高运行效率。要切实转换机制，搞活用人机制，实行岗位管理制度和全员聘任制度，做到人员能进能出、待遇能高能低、干部能上能下，打破论资排辈，解决干与不干一个样。要积极探索按需定岗、按岗定酬、按劳分配、绩效挂钩的分配考核机制。要通过深化改革，努力提高公共文化产品的质量和公共服务的水平。

三是要大力创新技术，努力实现传统出版业务与数字出版技术的有效融合，全力打造全媒体出版平台，积极推动传播手段、传播渠道的创新。当今时代，思想文化的竞争，一方面是内容的竞争，另一方面是传播技术的竞争。谁的技术先进、谁的传播能力强，谁的思想文化和价值观念就能得到广泛的传播，这已经是个现实。我们必须充分认识科技进步对出版业发展的重要作用，重视新技术和传播手段的发展，积极探索运用高新技术发展现代出版业，不断提高出版的科技含量和装备水平，大力推动以互联网为平台，以图文、音频、视频等形式对出版内容进行全方位、深层次的开发利用。人民出版社要以"中国共产党思想理论数据库"为平台，充分挖掘自身丰富的内容资源和读者群，努力推动马克思主义经典著作和中国特色社会主义理论体系的全媒体覆盖和多媒体出版，占领思想文化阵地。

四是要造就名家大家，培养和汇聚更多的出版家编辑家理论家，提升人民出版社的创造力和影响力。出版业作为内容产业，人才是决定性因素。多年来，人民出版社培养造就了许多出版家、编辑家、理论家，聚集了一大批具有影响力的专家学者，这是十分难得的人才资源，更是一笔宝贵的财富。人民出版社要发展，需要名家大家。要坚持"服务发展、人才优先，以人为本、创新机制，高端引领、整体开发"的人才发展指导方针，适应新形势和新要求，加快推进高层次人才资源开发，特别是要培养一批忠于马克思主义、崇尚科学真理、坚持文化追求、尊重出版规律的优秀编辑，造就未来的出版家、编辑家，发现和扶持优秀的青年编辑家。要积极探索人才培养和发展机制，营造人才成长的良好氛围，吸引人才、留住人才，关心人才、爱护人才，使人民出版社不仅是出好书，也是出名家、出大家的地方，依靠人的力量和智慧，推动党的出版事业再上新台阶，开创新局面。

同志们，90年艰苦奋斗，90年与时俱进。今天，我们都站在了一个新的起点上，使命光荣，任重道远。希望人民出版社以纪念90周年作为新的开端，深入学习贯彻胡锦涛总书记"七一"重要讲话精神，全面落实中央领导的指示，以奋发有为的精神状态、求真务实的工作作风，以严谨认真的职业品格，同心同德，团结奋斗，发扬传统，开拓创新，推动社会主义文化大发展大繁荣，为中国特色社会主义建设事业作出新的贡献！

人民出版社创建90年

在人民出版社创建九十周年纪念大会上的致辞

人民出版社社长 黄书元

尊敬的云山同志、延东同志，

尊敬的各位领导，各位作者，各位来宾：

大家好！

今天，是人民出版社九十华诞。在这喜庆时刻，我们欢聚一堂。刚才，中共中央政治局常委李长春同志，亲切接见了我们部分与会代表；中共中央政治局委员、书记处书记、中宣部部长刘云山同志，马上要作重要讲话。今天还有很多重要部门的领导都亲临会场。没有各级领导的关心和关怀，就没有人民出版社的今天！今天到会的有百余位著名学者，是我们的部分作者代表，没有作者的智慧和心血，就没有人民出版社的历史华章！今天到会的还有部分出版界的同人，发行界、印刷界、媒体界的代表，我们一直风雨同舟，是永远的兄弟和朋友！请允许我代表人民出版社的全体员工，向大家表示最衷心的感谢和最热烈的欢迎！感谢你们！

90年前的今天，党的一大闭幕不久，根据大会精神，由中央局负责宣传工作的李达同志创办的人民出版社，在上海宣告成立。

人民出版社是中国共产党创建的第一家出版机构。它以传播马列主义为己任，创建伊始即出版了《共产党宣言》、《马克思全书》、《列宁传》等几十种图书，为扩大中国共产党的影响，为中国人民革命事业，做出了巨大贡献。

在漫长的战争岁月中，党的出版事业经历了上海、广州、武汉、瑞金、延安等不同时期，克服艰难险阻，不断浴火重生。虽然出版社的名称数度变更，组织结构也多次调整，但其宣传马列主义、宣传党的路线方针政策的内在精神，始终如一，形成了人民出版社的光荣革命传统。今天，我们纪念人民出版社创建九十年，也是纪念党的出版事业九十年。因此，这不仅是人民出版社的节庆，也应该是我党领导和影响下的所有进步出版机构、所有出版工作者的共同节庆。今天，无论是人民出版社还是三联书店，无论是商务印书馆还是中华书局，无论是北京的出版社还是全国的出版社，让我们一起继承老一辈革命传统，分享前辈留下的这份精神资源和光辉荣耀。

新中国成立后，人民出版社于 1950 年 12 月在北京重建，毛泽东主席亲笔题写了社名。作为党和国家重要的政治书籍及哲学社会科学综合出版机构，人民出版社始终坚持为人民服务、为社会主义服务的方向，成就斐然。迄今为止，人民出版社共出版图书两万余种，行销三十多亿册，为共和国的出版事业做出了应有的贡献。

我们出版了《马恩全集》、《列宁全集》的权威译本，每一版都有几十卷，卷帙浩繁，工程宏伟，推动了马列主义在中国的深入研究和全面普及。

我们出版了《毛泽东选集》、《邓小平文选》、《江泽民文选》，以及 60 余种胡锦涛同志重要讲话单行本，为实现马克思主义中国化的理论构建，为推进中国特色社会主义事业的深入发展，起到了无可替代的作用。

我们出版了刘少奇、周恩来、朱德、任弼时、陈云、叶剑英、彭真、万里、李先念、胡耀邦、张闻天、李维汉，薄一波、朱镕基、吴官正等党和国家领导人的著作、年谱和传记。使他们的革命思想与人生经历，作为共和国的历史见证和精神财富，得以记录和传播。

我们出版了大量党和国家的文件文献、法律法规的单行本和汇编本。在每次党的代表大会、人大、政协等重要会议之后，人民出版社都会在第一时间出书，让大会精神迅速传递到千家万户。

围绕党和国家的工作重点，我们还出版过大批党史党建类读物和教材。有数十个品种的《全国干部培训教材》、十余种马克思主义理论研究和建设工程重点教材、系列丛书《理论热点面对面》，以及上百个品种的政策导读本，受众极广，影响极大。

我们出版过大量高品位、高质量的学术著作，如郭沫若的《中国史稿》，范文澜、蔡美彪的《中国通史》，冯友兰的《中国哲学史新编》，刘放桐的《现代西方哲学》等。翦伯赞、周一良、戴逸、贺麟、任继愈、张岱年、薛暮桥、孙冶方、于光远、吕叔湘、季羡林、费孝通等哲学社会科学领域的名家大师的扛鼎之作，大多由我社出版。

为适应图书市场化要求，我们充分运用"东方出版社"的副牌，出版了一大批脍炙人口的图书。

我们还出版了多种期刊。其中，《新华月报》，持续记录新中国社会历史；《人物》杂志，不断讲述中华儿女故事；《新华文摘》更富盛名，作为"杂志的杂志"，饮誉海内外。

去年"七一"前夕，我社承办的"中国共产党思想理论资源数据库"，正式上线，利用先进的数字出版技术，传播马克思主义和中国特色社会主义理论体系，该工程荣获"中国出版政府奖"。

此外，我们还以人民书店为依托，联合各地人民社，并以人民联盟的方式，出版了一大批精品力作。

据不完全统计，仅从1984年至今，我社有近千种图书，被高校列为文科教材；有近百种图书获得国家级大奖；有两千多种图书，获得省部级图书奖。人民出版社已连续五年被权威机构评为最受读者喜爱的出版社。

近些年来，在中央宣传部和新闻出版总署的领导和关怀下，人民出版社抓住历史性改革发展机遇，内优机制、外树形象，立足政治性公益性定位，推出了一大批"三贴近"的政治性公益性图书。

九十年风雨沧桑开盛世，几代人浓墨重彩著华章。人民出版社的辉煌业绩，是几代出版人共同书写的。我们不能忘记李达、徐白民、毛泽民、苏新甫、张人亚等革命先辈；不能忘记胡绳、王子野、曾彦修、范用、张惠卿、薛德震、李长征等本社历届领导人；不能忘记韬奋奖获得者戴文葆、林穗芳、吴道弘、尤开元等杰出编辑家，及白以坦、智福和等闻名全国的校对专家；更不能忘记，所有那些在平凡的岗位上默默耕耘、无私奉献的同人。让我们向出版界所有前辈表示由衷的敬意！

人民出版社的业绩，是在党和国家的正确领导下取得的，也与数以千计的作者的辛勤工作和热情奉献分不开，与社会各界的积极支持分不开。让我们以热烈的掌声，再次对他们表示衷心的感谢！

同志们，在纪念党的出版事业暨人民出版社创建九十周年之际，我们要缅怀先辈们的丰功伟绩，更要继承先辈的优良传统并发扬光大，肩负历史使命，努力拓展未来。

我们要把今天这个会上各位领导的重要讲话精神化为我们前进的动力，牢记党和国家出版社的职责，围绕中心，服务大局，把公益性出版放在工作首位。

我们要完成"十二五"规划的既定目标。

我们要特别注重精品战略，不断提升编辑、出版、发行队伍的水准。要打造一支高水平的出版人才队伍。

我们要依托人民东方出版传媒有限公司，深入推进事企分离改革，全力打造"东方"品牌，力争使其成为出版业改革与发展的排头兵。

我们要深入进行数字出版的研究和开发，积极推进全媒体发展战略，满足新媒体、网络时代读者日新月异的需求，并要在出版产业转型中获得先机。

为确保上述目标的实现，我们要深化管理机制改革，努力创造更高效的生产、更公平的分配、更和谐的氛围。

光荣属于历史，希望属于未来。今天的我们，负有继往开来的历史使命。同志们，让我们一起，为人民出版社增添新的光彩，为党和国家出版事业更加兴旺发达，努力奋斗！

谢谢！谢谢大家！

2009年9月29日，中共中央政治局常委李长春同志在人民出版社视察调研时合影。

前排左起：蒋建国、柳斌杰、李长春、刘云山、李东生、邬书林。

后排左起：刘建国、乔还田、李春生、辛广伟、黄书元、陈有和、任超、于青、吴尚之。

人民出版社社委会成员合影。

左起：副总编辑乔还田、副社长任超、副总编辑于青、社长黄书元、代总编辑辛广伟、纪委书记沈水荣、副社长李春生。

【社委会成员合影】

【现任社领导与部分离退休社领导合影】

《日出东方——马克思主义在中国暨人民出版事业九十周年纪念展》在国家博物馆开展。
李东东、衣俊卿、孙寿山、张树军、陶骅、吴尚之、韩洪洪等领导出席开幕式。

新闻出版总署柳斌杰署长、邬书林副署长参观《日出东方——马克思主义在中国暨人民出版事业九十周年纪念展》。

中央编译局局长衣俊卿、新闻出版总署副署长李东东、孙寿山参观《日出东方——马克思主义在中国暨人民出版事业九十周年纪念展》。

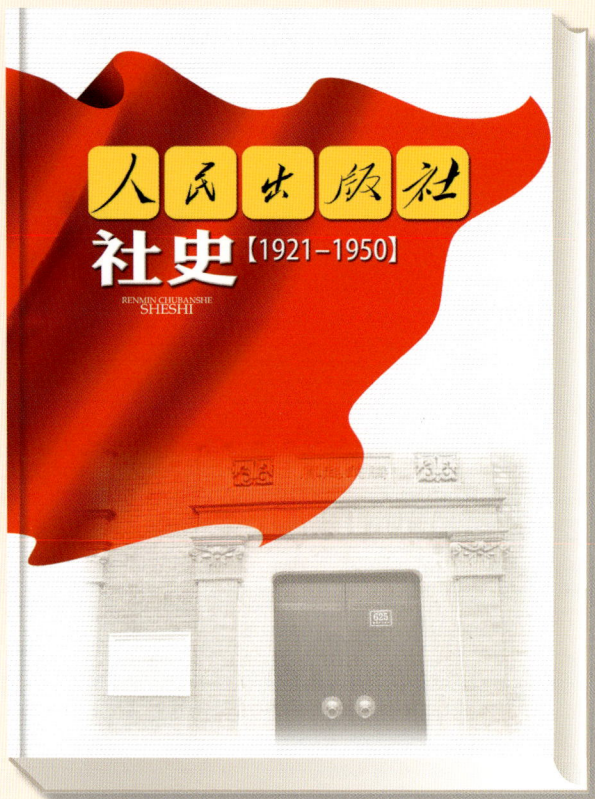

中共中央党史研究室对本书的审定意见是："由人民出版社编写、送审的《人民出版社社史》（1921-1950年），以翔实的资料，记录了人民出版社在新民主主义革命时期（到1950年新的人民出版社成立）各个不同历史阶段的发展变化，展现了党领导理论宣传文化思想战线的一个重要方面，反映了党为马克思列宁主义的中国化、时代化和大众化作出的历史性贡献，政治导向正确，重要史实准确，主要历史脉络清楚，见人见事见精神，可以出版。"

本片经国家广电总局重大理论文献影视片创作领导小组办公室审批通过，于2011年10月9日在中央电视台播出。

本书真实记录了 1921-2011 年人民出版社的重大事件，比较全面完整地反映了人民出版社创建 90 年来的辉煌历程。

本书收录了六十多篇离退休老同志回忆在人民出版社工作往事的文章，亲切感人。

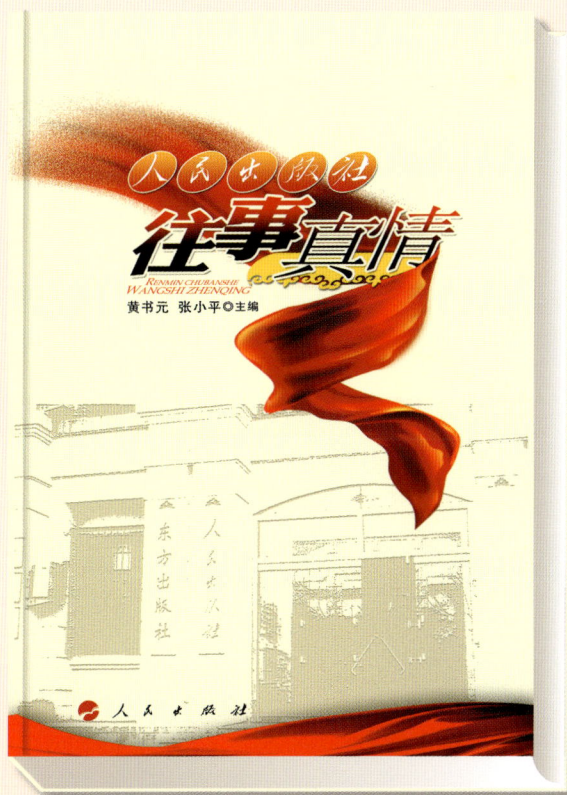

人民出版社创建九十周年国庆招待会

2011 年 9 月 28 日，以铭记历史、感恩社会、继往开来为主题的人民出版社创建九十周年国庆招待会在北京举行，黄书元社长致辞。

图为人民出版社创建九十周年国庆招待会会场。

1921-2011
人民出版社

第二篇

领袖题词

Leaders' Inscription

爱祖国，爱人民，爱劳动，爱科学，爱护公共财产为全体国民的公德。

毛泽东

毛泽东同志为人民出版社《新华月报》创刊号题词（1949 年）

家英同志：

（一）送来的文件，缺少一九○九年四月五日军委给的放单的命令在一局，请补印送校。

（二）请把要调查中斗争中的名词给这一章的审定送阅，在我这里的即付中共力送一章。

（三）已正误件请送还送阅。

毛泽东 启

毛泽东同志为编辑出版《毛泽东选集》给田家英同志的信

瞿秋白同志死去十五年了。在他生前，许多人不了解他，或者反对他，但他为人民工作的勇气，他在革命困难的年月里坚持了英雄的气节，没有屈服。他的这种为人民工作的精神，这种临难不屈的意志和他在狱中所写的文字，将永远活着，不会死去。瞿秋白同志是肯用脑子想问题的，他是有思想的。他的遗集的出版，将有益于青年们，有益于人民的事业，特别是在文化事业方面。

毛泽东
一九五〇年
十二月卅一日

毛泽东同志为人民出版社《瞿秋白文集》一书题词（1950年）

蔡和森同志是我党早期的卓越领导人之一,他对中国革命作出了重大的贡献,中国人民永远记着他。

邓小平 一九七九年十月七日

人民出版社の十年

邓小平 一九九〇年
十月

邓小平同志为人民出版社重建 40 年题词（1990 年）

努力宣传马列主义、毛泽东思想，繁荣社会主义出版事业。

江泽民

一九九〇年十二月廿二日

江泽民同志为人民出版社题词（1990年）

90
1921-2011
人民出版社
★★★★★★★★★

第
三
篇

精品图书
Elite Books

经典著作
Classics

经典著作
Classics

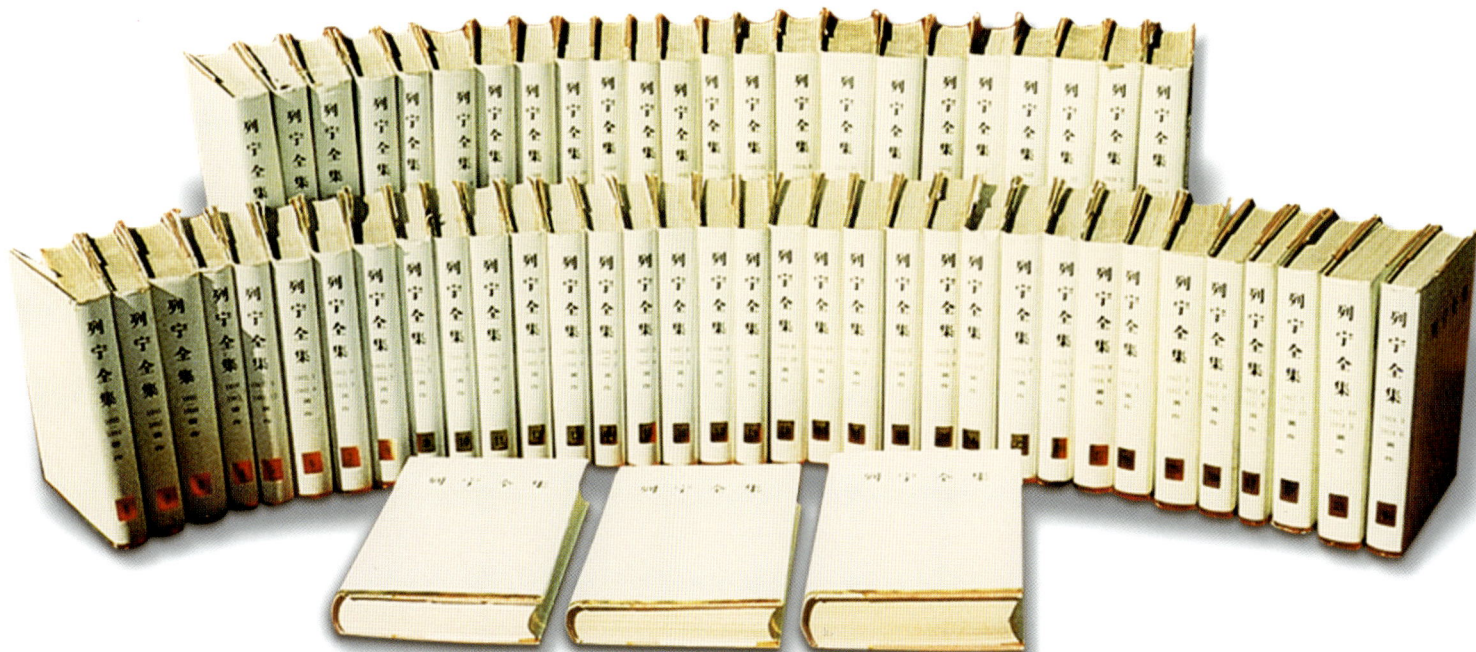

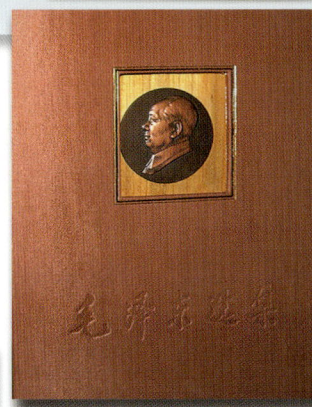

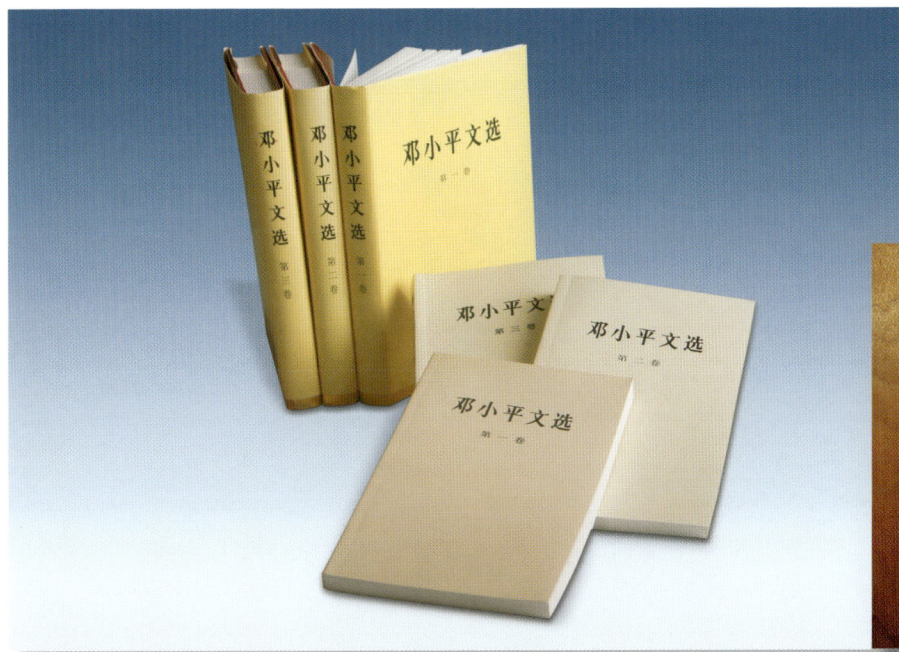

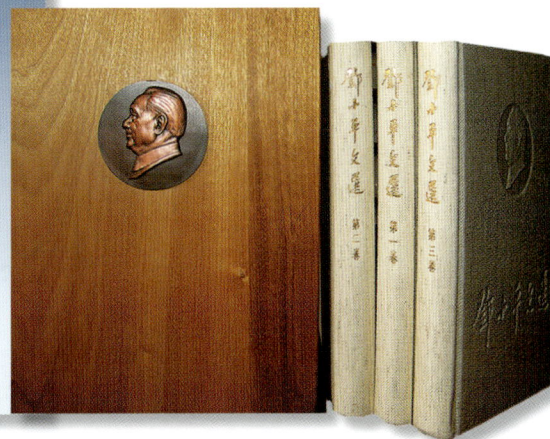

经典著作
CLASSICS

获国家大奖项目
NATIONAL AWARD WINNING PROGRAM

『五个一』工程奖（优秀通俗理论读物奖）

马克思主义史（1—4卷）（1997年）

大巴山的呼唤（2007年）

理论热点面对面·2008（第一届优秀通俗理论读物奖）

理论热点面对面·2009（第二届优秀通俗理论读物奖）

七个怎么看——理论热点面对面·2010（第三届优秀通俗理论读物奖）

从怎么看到怎么办？——理论热点面对面·2011（第四届优秀通俗理论读物奖）

获国家大奖项目

NATIONAL AWARD WINNING PROGRAM

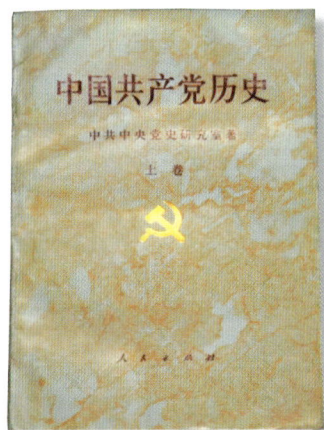

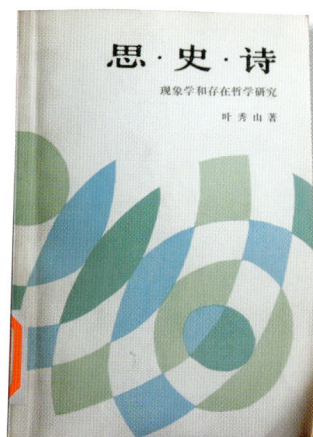

国家图书奖

宋庆龄——二十世纪的伟大女性（1993年）

中国共产党历史（1921—1949年）（1993年）

周恩来传（1993年）

思·史·诗——现象学和存在哲学研究（1993年）

中国通史（1995年）

国家图书奖

中国政治制度通史（1997年）
马克思主义史（1—4卷）（1997年）
胡绳全书（1999年）
心灵超越与境界（1999年）
乔木文丛（2001年）
SARS：考核中国（2003年特别奖）

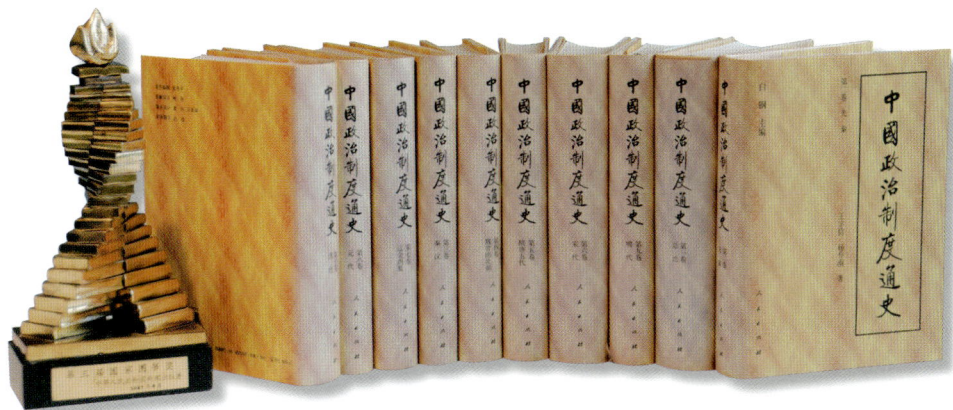

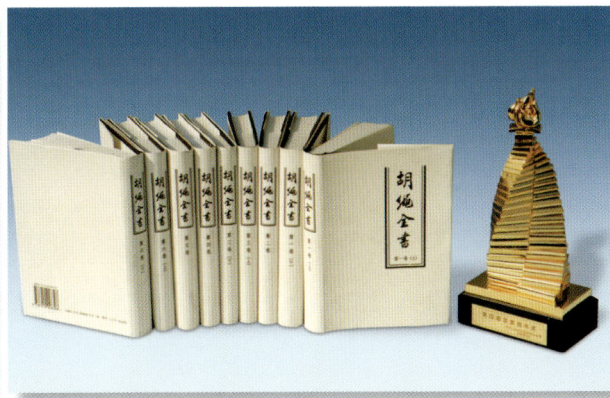

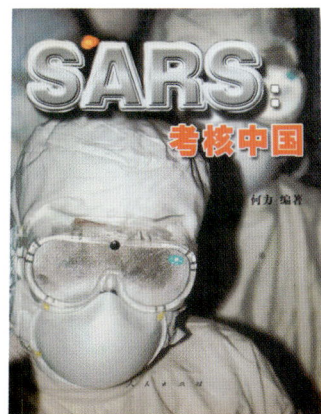

获国家大奖项目
NATIONAL AWARD WINNING PROGRAM

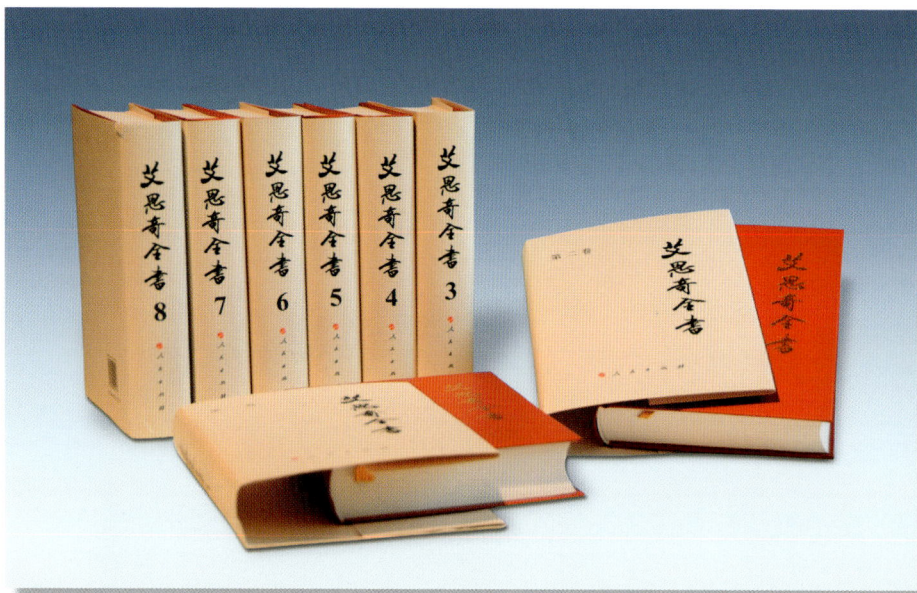

中国出版政府奖图书奖

艾思奇全书（2007年第一届中国出版政府奖图书奖）

中国学术通史（2007年第一届中国出版政府奖图书奖提名奖）

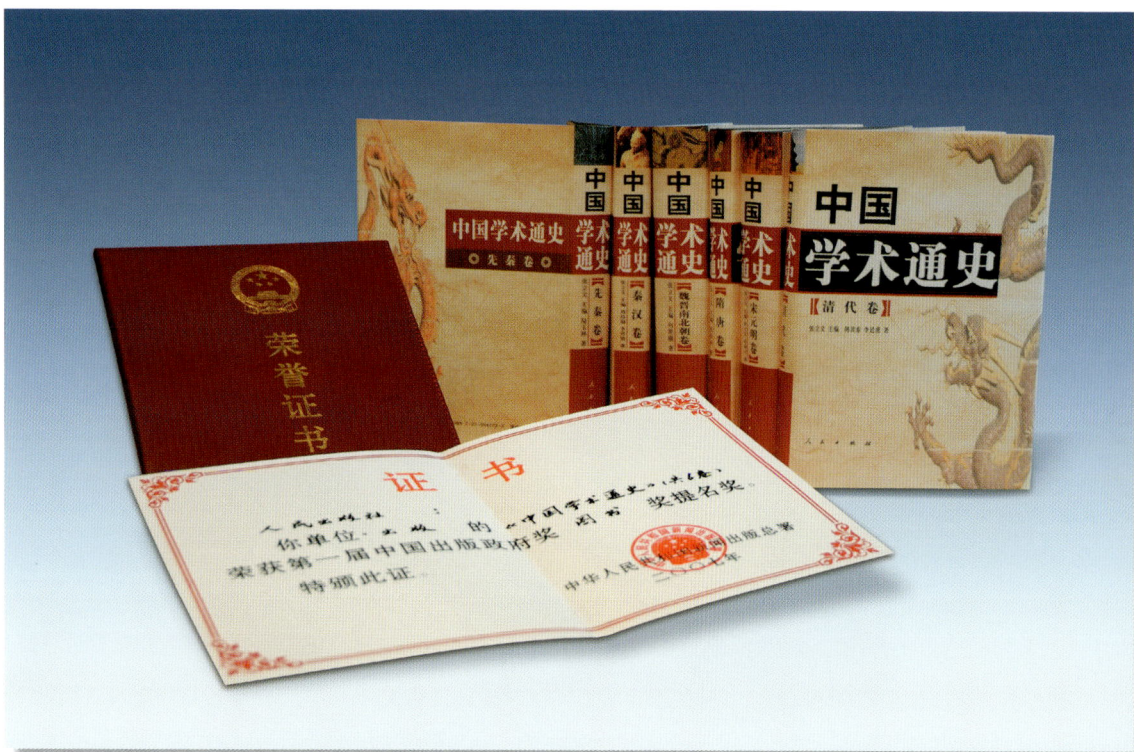

获国家大奖项目
NATIONAL AWARD WINNING PROGRAM

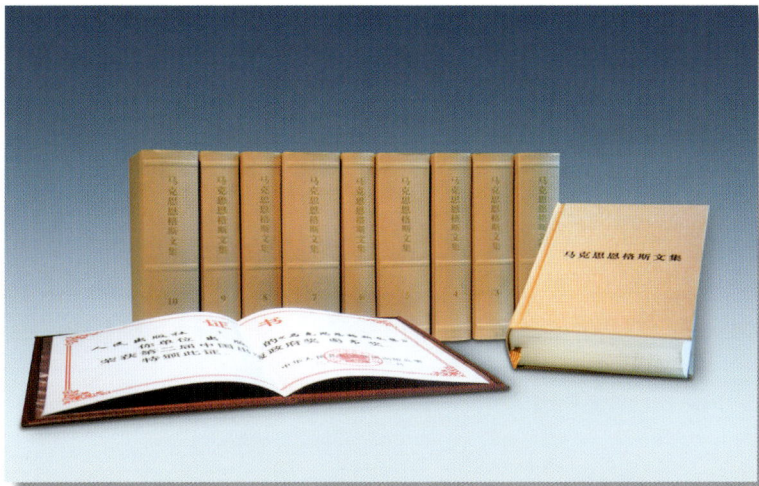

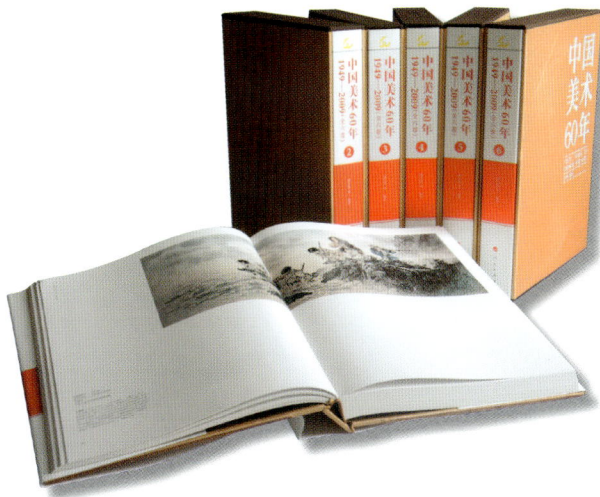

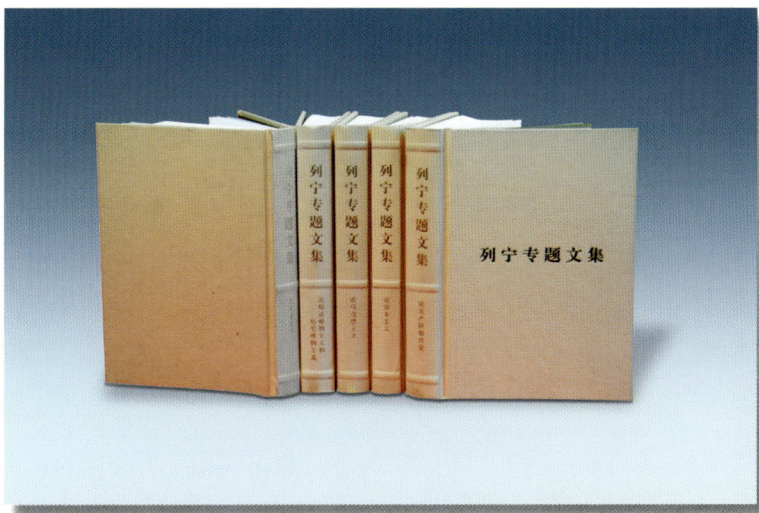

中国出版政府奖图书奖

马克思恩格斯文集（2011年第二届中国出版政府奖图书奖）
列宁专题文集（2011年第二届中国出版政府奖图书奖印刷复制提名奖）
中国美术60年（1949—2009）（2011年第二届中国出版政府奖图书奖印刷复制奖）
新华文摘（2011年第二届中国出版政府奖期刊奖）

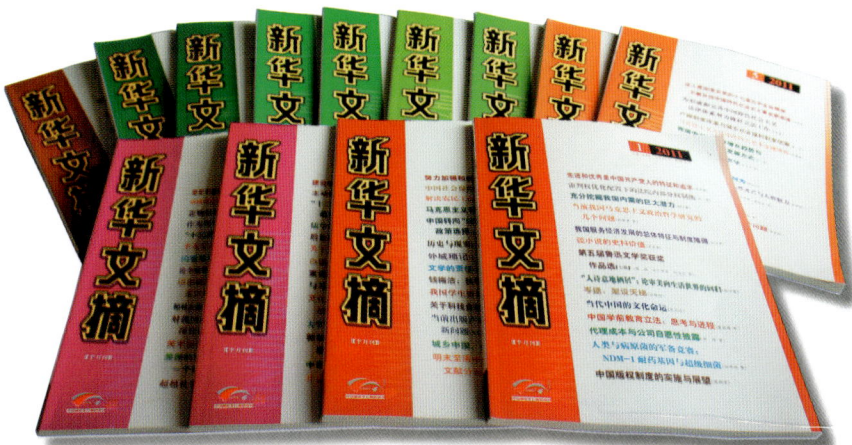

中国图书奖

元朝史（1986年）
中国宏观经济分析（1987年）
中国人口史（1988年）
经济运行机制概论（1990年）
战后美国史（1945—1986）（1990年）

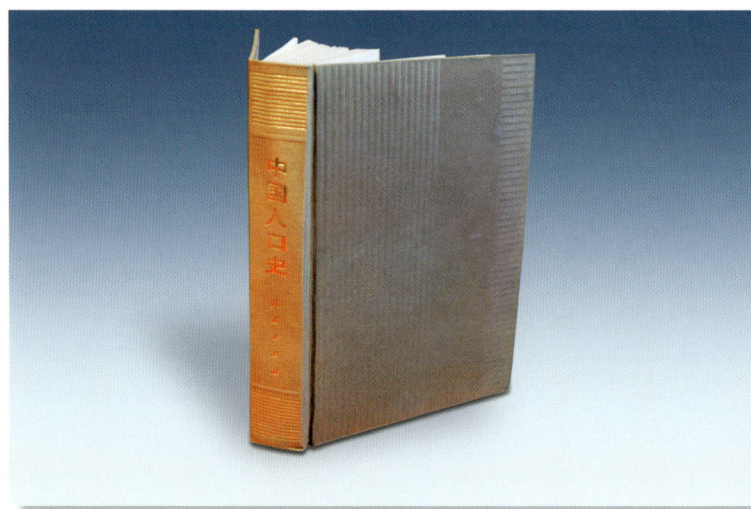

中国宏观经济分析

张凤波 著

元朝史（下）
韩儒林 主编

元朝史（上）
韩儒林 主编

中国人口史

战后美国史
1945—2000

本卷主编 刘绪贻
著者 刘绪贻 韩铁 李存训

经济运行机制概论

卫兴华 洪银兴 魏杰 著

获国家大奖项目
NATIONAL AWARD WINNING PROGRAM

中国图书奖

四项基本原则和资产阶级自由化的对立（1991年）
美洲华侨华人史（东方出版社）（1991年）
学习《论持久战》哲学笔记（1991年）
海外经济管理运作丛书（1993年）

学习
《论持久战》
哲学笔记

美洲华侨华人史
主编 李春辉 杨生茂
副主编 沙丁 李朝增 梁卓生 陆国俊
东方出版社

四项基本原则和
资产阶级自由化的对立
中共中央宣传部编
人民出版社

从"国际富人俱乐部"
到"经贸联合国"
关税与贸易总协定

劳资关系

的较量

同制度

看得见的手
西方国家对经济的宏观调控

之谜

什么

份公司面面观

透视

经济
团

府

融机构

股票

信用

迷

企业

资源

西方股市运行与操作

西方股市现货
与期货交易

顾无忧
外社会保险税

公共关系纪实

场实现就业
国家就业概述

获国家大奖项目
NATIONAL AWARD WINNING PROGRAM

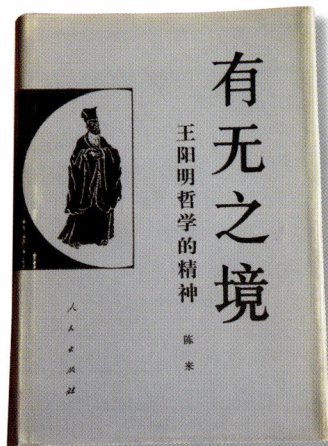

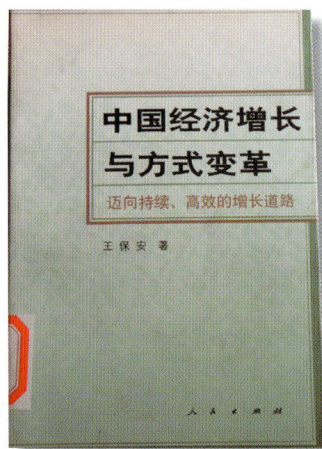

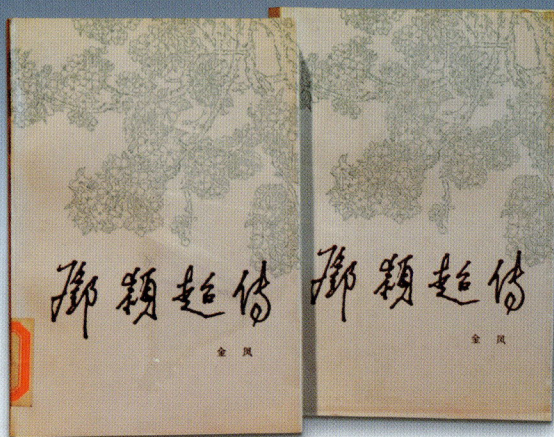

中国图书奖

有无之境——王阳明哲学的精神（1992年）
邓颖超传（1994年）
流通经济学（1996年）
大地风景（东方出版社）（1996年）
中国经济增长与方式变革（1998年）

有无之境
王阳明哲学的精神
陈　来

中国经济增长
与方式变革
迈向持续、高效的增长道路
王保安　著

流通经济学
张绪昌　丁俊发主编

大地风景
云杉著

邓颖超传
金凤

邓颖超传
金凤

中国图书奖

邓小平理论研究书系（2000年）
京剧与中国文化（2000年）
中国加入世界贸易组织知识读本（一）（2002年）
中国航天员飞天纪实（2004年）

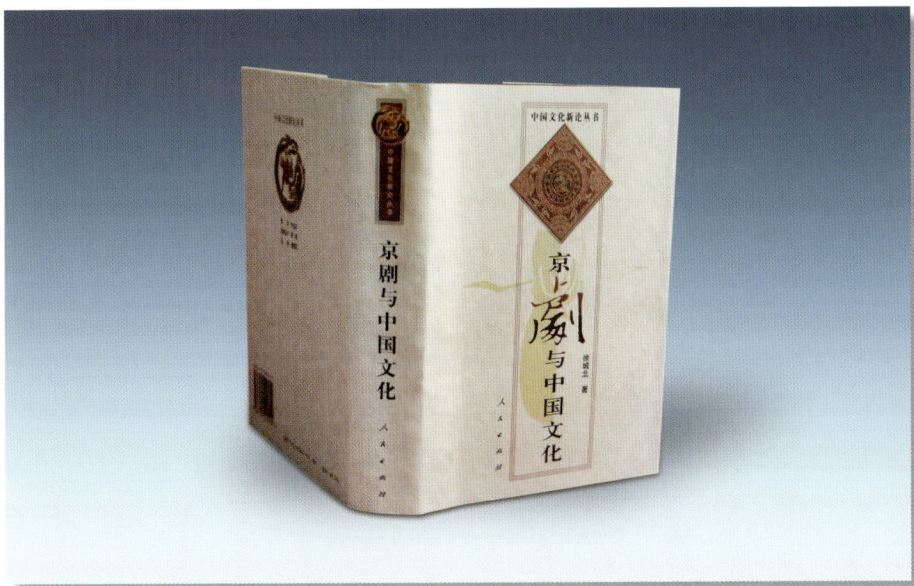

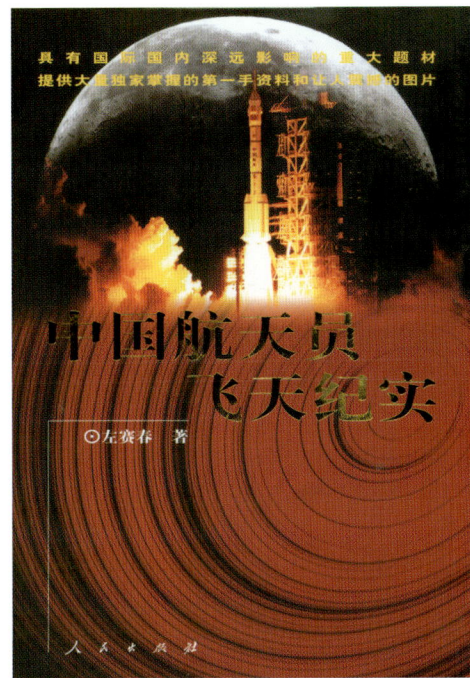

获国家大奖项目
NATIONAL AWARD WINNING PROGRAM

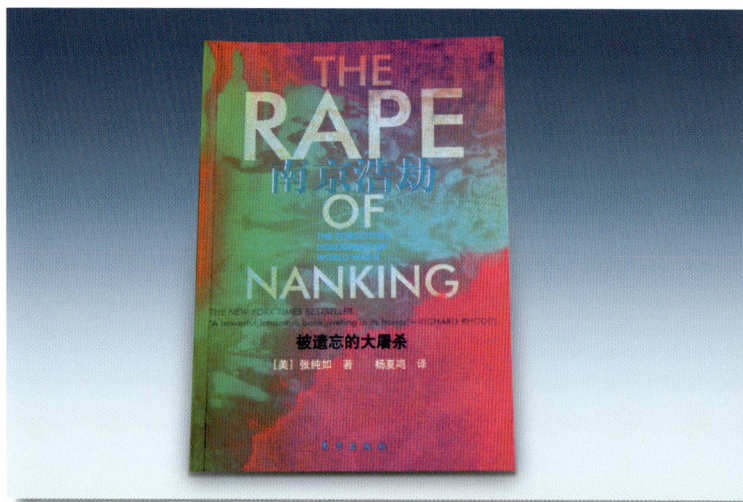

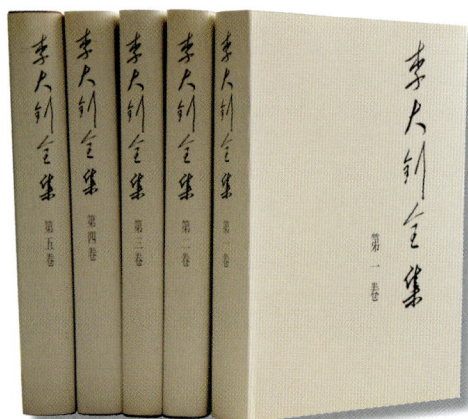

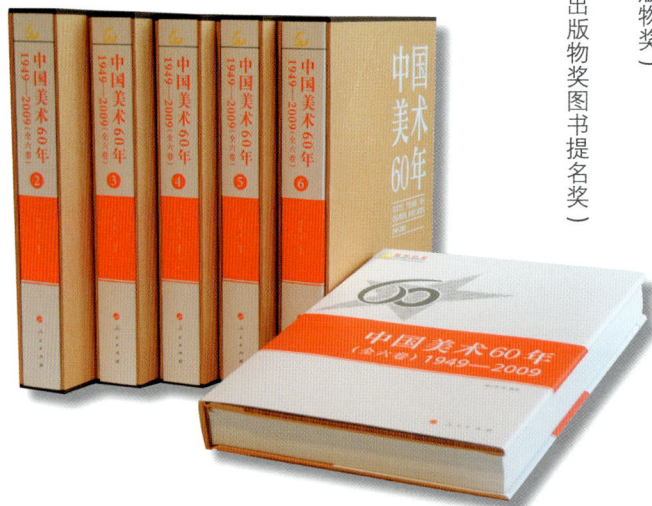

中华优秀出版物奖

康德三大批判新译（丛书）（2007年中华优秀出版物奖）

中华少年强（2008年中华优秀出版物奖特别奖）

李大钊全集（最新注释本）（2008年中华优秀出版物奖）

南京浩劫（2008年中华优秀出版物奖提名奖）

中国美术60年（1949—2009）（2010年中华优秀出版物奖图书提名奖）

中国出版政府奖·电子出版物奖

中国共产党思想理论资源数据库（2011年第二届中国出版政府奖网络出版物奖提名奖）

中国特色社会主义理论体系重要著作语义查询（2010年中华优秀出版物奖电子出版物获奖作品、2011年王选新闻科学技术一等奖）

经典诵读　经典视频导读　理论学习自测

多功能动画书　电纸书网站　手机网　人民出版社

金典	金典	金典	金典	金典	金典
语义	比对	关联	找句	听读	提要
JIN DIAN	JIN DIAN	JIN DIAN	JIN DIAN	JIN DIAN	JIN DIAN
人民金典语义查询	人民金典自动比对	人民金典概念关联	人民金典模糊找句	人民金典自助听读	人民金典智能提要

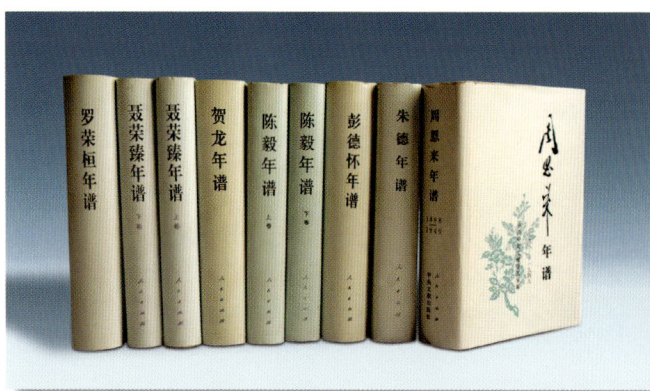

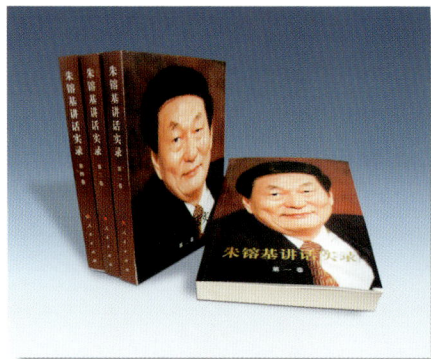

政治类
POLITICS

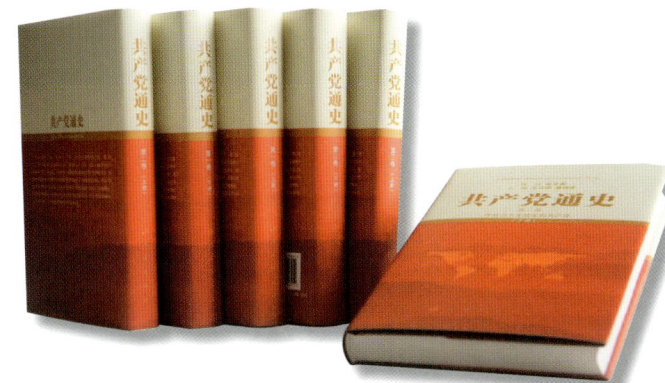

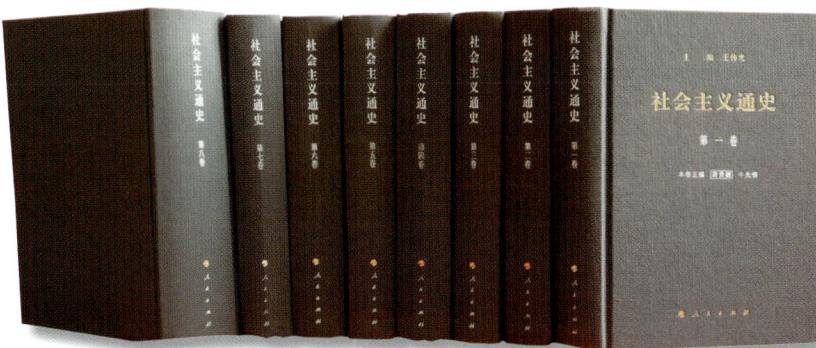

新北川

韶山毛家英雄谱
龙剑宇 著

晓庄
红 摄影
相 手记

毛泽东箴言
观世哲学
待人哲学
正己哲学
处事哲学

中国红色
记者

亲历
中国共产党
的90年
丁晓 编著

党史
细节
中国共产党
若干重大事件探源

革命圣火燎原

颂歌
献给党

颂歌献给
党

中国共产党
经济思想90年

红色书香
背后的故事

余秋里
回忆录
YUQIULI
HUIYILU

李德生
回忆录
LIDESHENG
HUIYILU

解密档案中的
陈独秀

毛
与

"拨乱反正"
亲历记
BOLUAN FANZHENG QINLIJI
王宗宪 著

执政新理念
从阶层和谐走向社会和谐
Zhizheng Xin Linian
陈绍珊 著

亲历川藏线
高平 著

往事回眸

共产党通史

共产党通史

共产党通史

家国光影
开国元勋后人讲述往事与现实

共产党通史

共产党通史

共产党通史

万
红

党旗飘飘
庆祝中国共产党建立90周年
(1921—2011)
小学高年级读本

党旗飘飘
庆祝中国共产党建立90周年
(1921—2011)
小学低年级读本

党旗飘飘
庆祝中国共产党建立90周年
(1921—2011)
初中读本

党旗飘飘
庆祝中国共产党建立90周年
(1921—2011)
高中读本

中国共产党
执政历程
第一卷 (1921—1949)

中国共产党
执政历程
第二卷 (1949—1976)

中国共产党
执政历程
第三卷 (1976—2011)

保持党的先进性长效机制
孟东方 吴大兵 朱勋春 等著

红星照耀
上海城
共产党时代上海秘密往事

学习党的群众工作
重要论述读本
本书编写组 编

中国早期
马克思主义的传播
——梁启超与西学东渐
郭刚 著

中国共产党
执政60年 上册
ZHIZHENG GONIAN
张华礼 武国卿 主编

为庆祝中国共产党成立90周年，我社出版了90种重点图书，以上为部分书影。

国际类 INTERNATIONAL

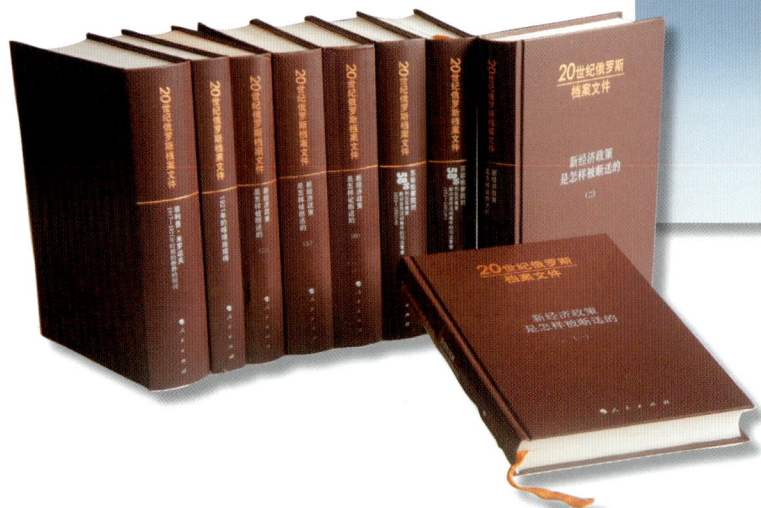

国际类
INTERNATIONAL

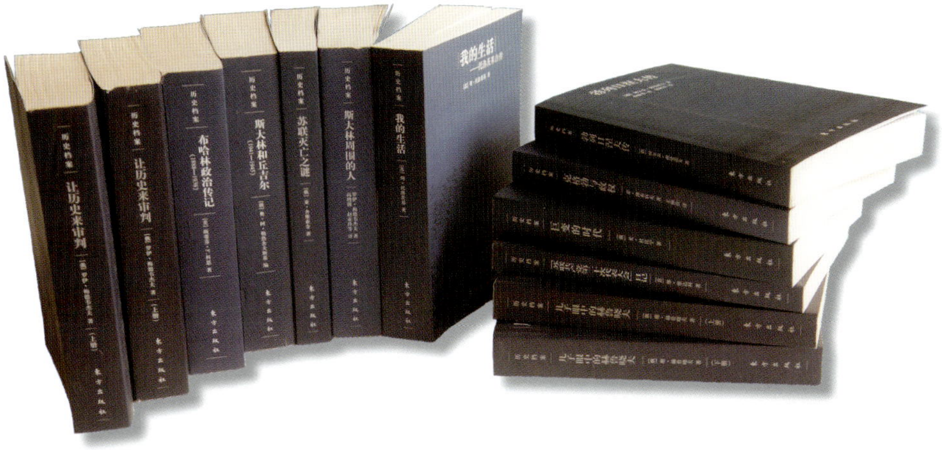

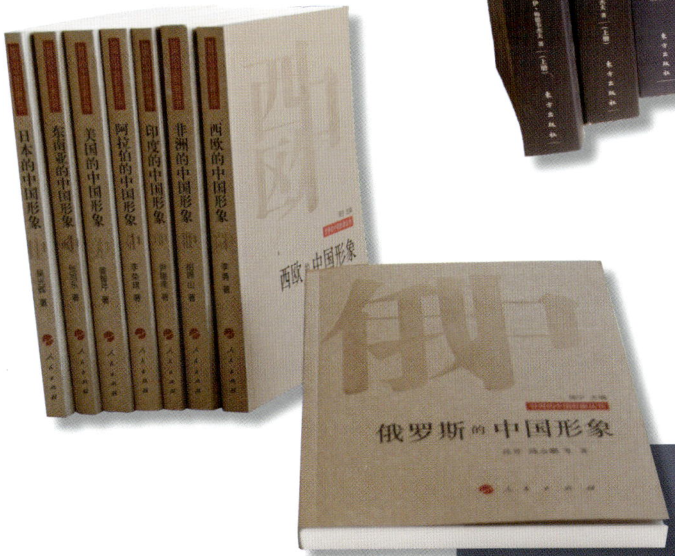

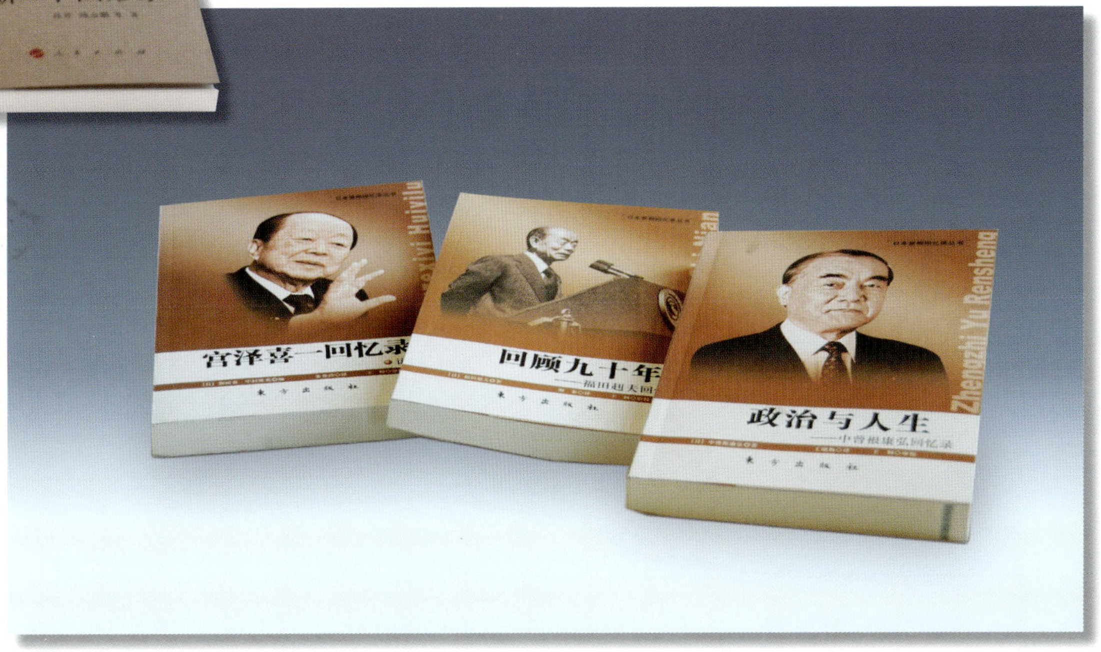

经济类
ECONOMICS

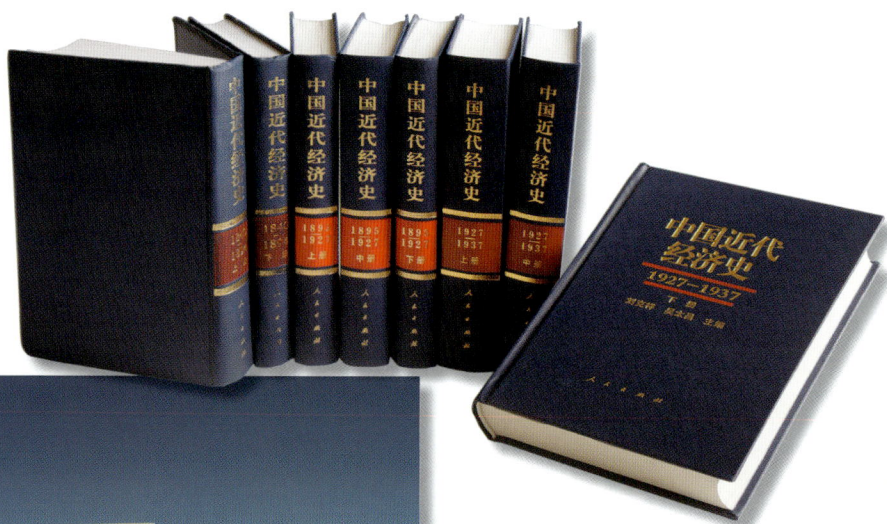

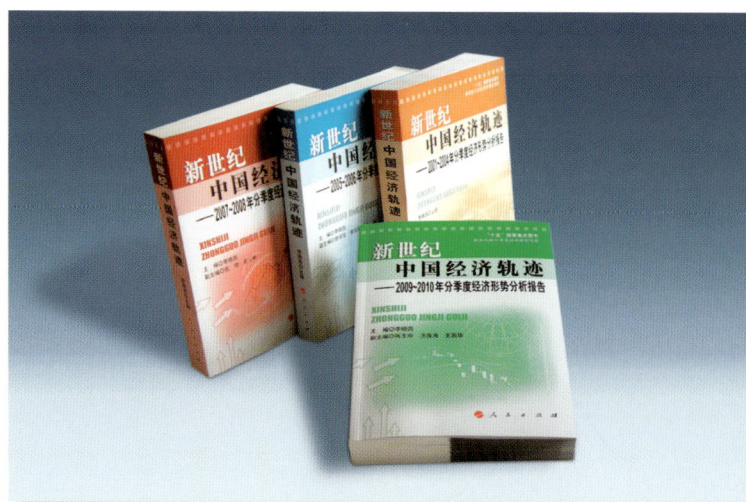

中国金融战略
2020

夏斌 陈道富 著

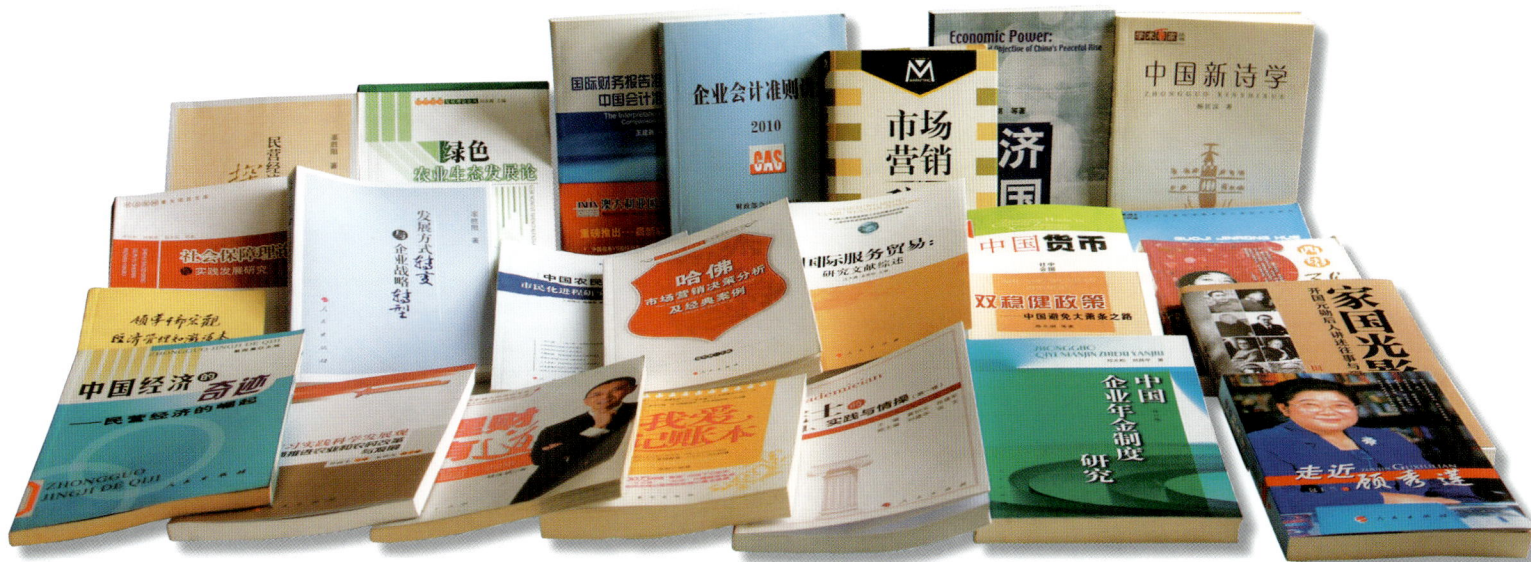

哲学类 PHILOSOPHY

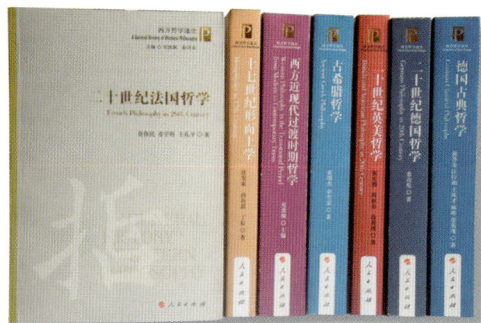

二十世纪法国哲学

西方现代过渡时期哲学
古希腊哲学
二十世纪美哲学
德国古典哲学

思的经验（1910-1976）
环境与发展：伦理学的考量
存在论：性的解释学
克尔凯郭尔：审美对象的建构
社会的经济
社会的法律

道家与中国哲学
道家与中国哲学
道家与中国哲学
宋代卷
明清卷

康德《纯粹理性批判》
康德《纯粹理性批判》
西塞罗全集

希腊哲学史

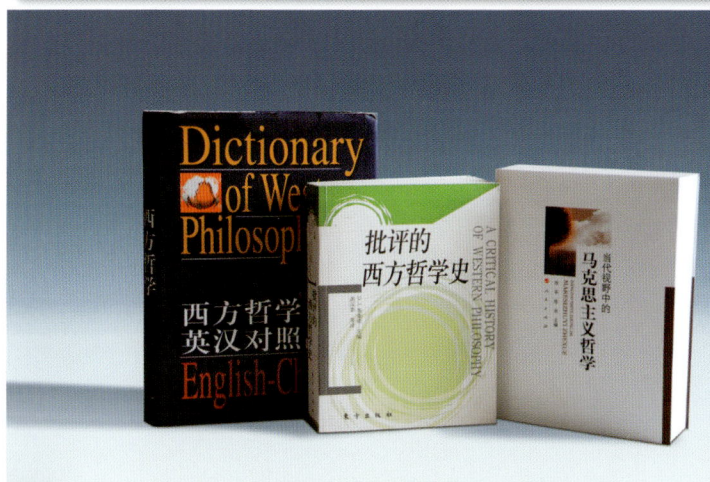

历史类 HISTORY

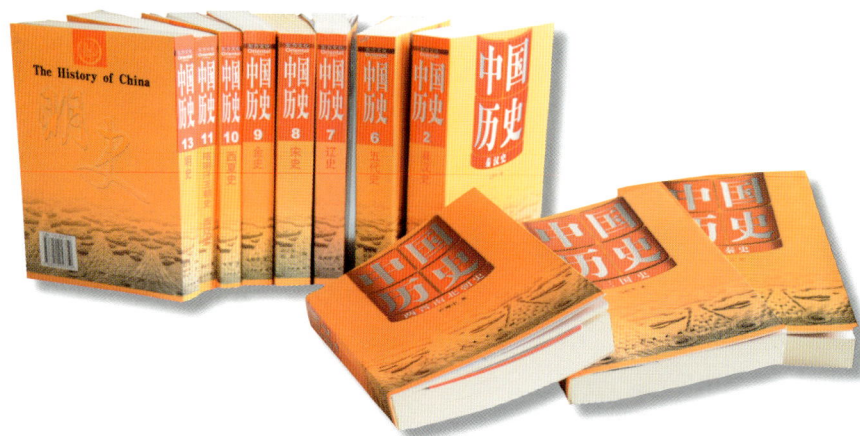

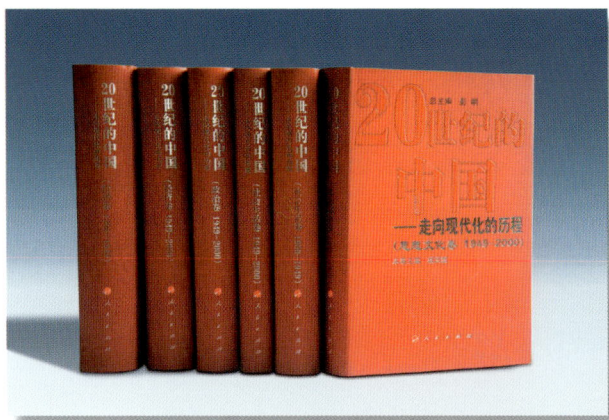

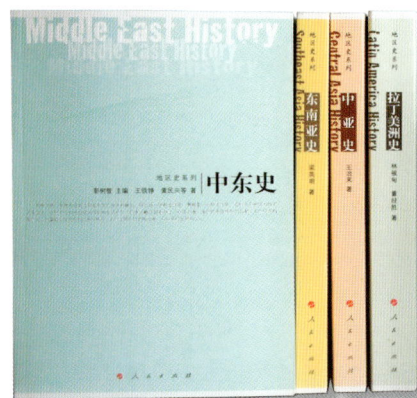

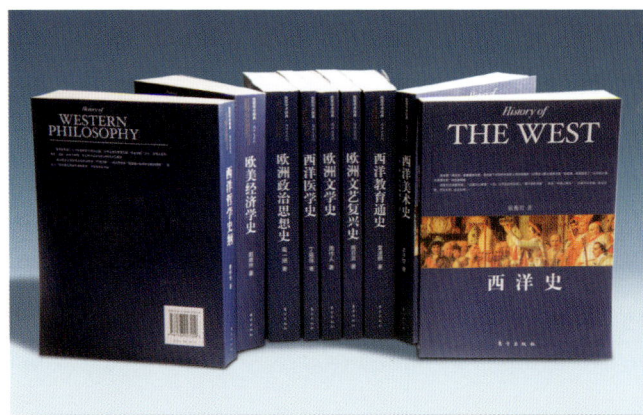

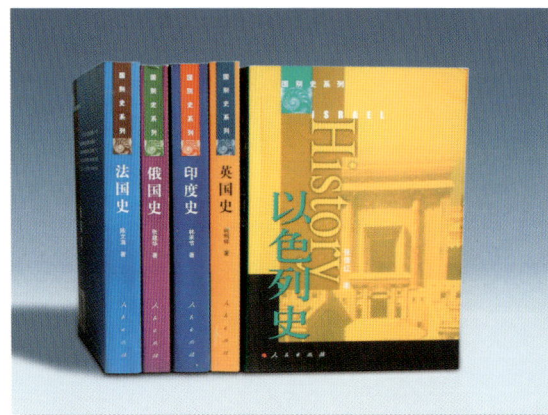

历史类
HISTORY

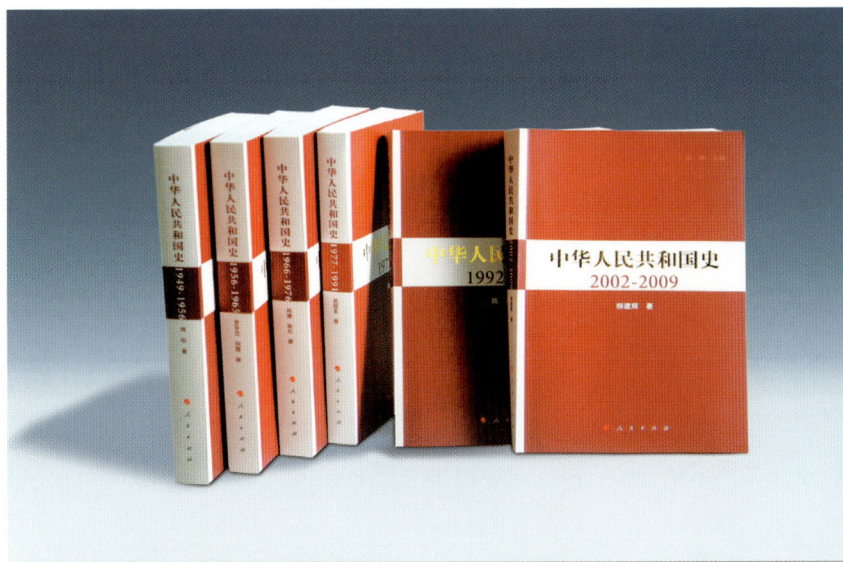

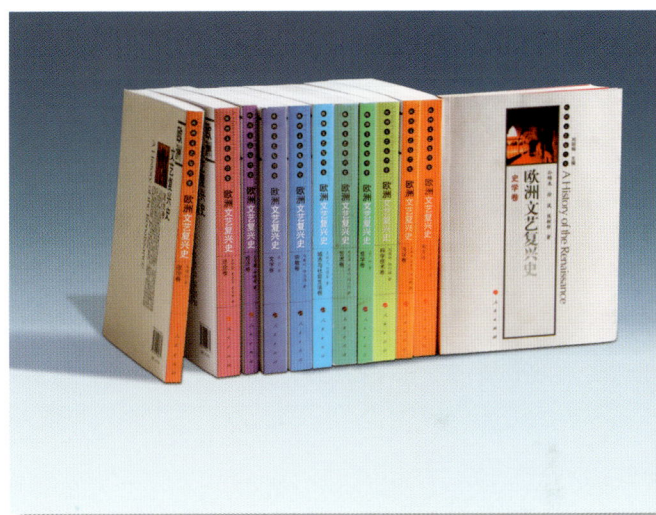

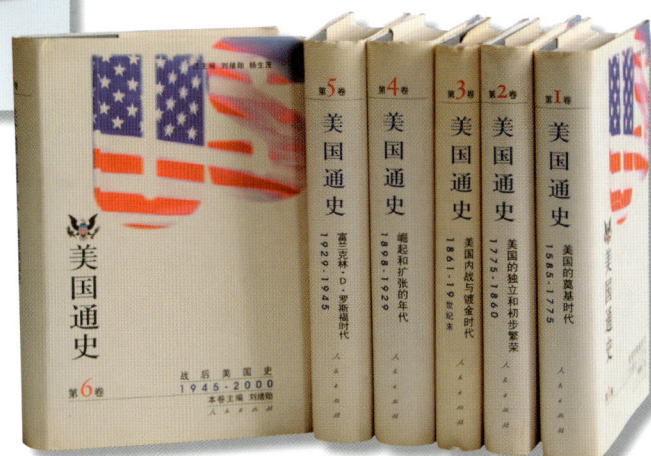

文化类
CULTURE

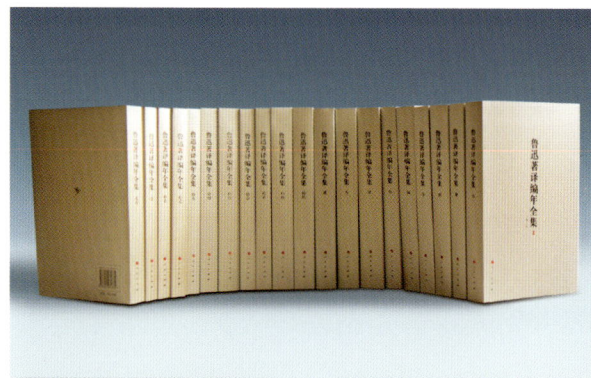

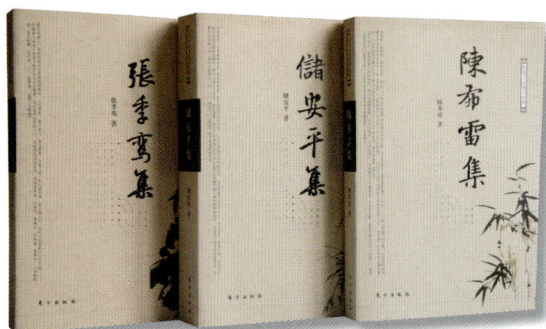

文化类
CULTURE

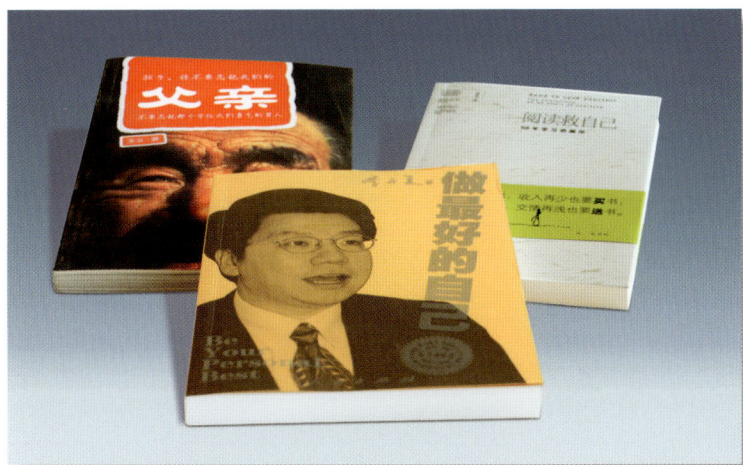

法律类 LAW

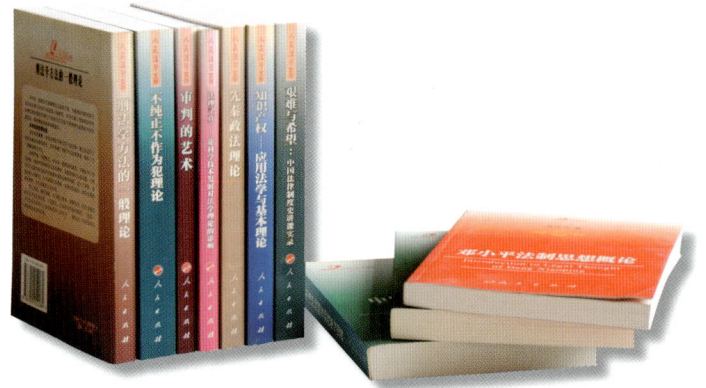

传纪类 BIOGRAPHIES

瞿秋白传

康生与"赵健民冤案"

天地良心 万里在安徽

人民的好记者 甘远志

刘英自述 LIU YING ZI SHU

周作人的清风苦雨

吴冠中自选速写集

美丽与哀愁 一个真实的奥黛丽·赫本

曾国藩传

汉武帝传 刘备传 曹操传 刘秀传 隋文帝传 隋炀帝传 唐高祖传 唐太宗传 唐玄宗传 忽必烈传 朱元璋传 明成祖传 万历传 崇祯传 嘉靖传 清太祖传 康熙传 雍正传 乾隆传 光绪传

秦始皇传 武则天传 光緒傳

马克思主义理论研究和
建设工程重点教材

强国之路——纪念改革开放
30 周年重点书系

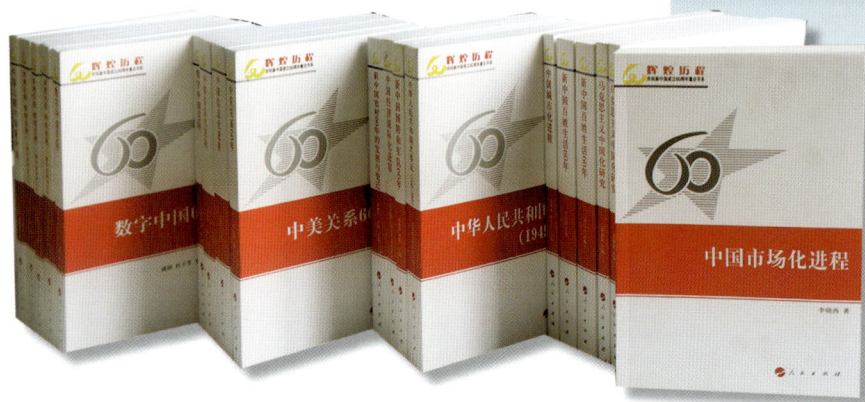

辉煌历程——庆祝新中国成立
60 周年重点书系

丛书类
SERIES

城乡规划与管理

公共事件中
媒体运用和舆论应对

基层民主建设

金融发展与风险防范

民生保障与公共服务

社会服务与管理

社会主义新农村建设

生态文明建设与
可持续发展

突发事件应急管理

自主创新

第三批全国干部学习培训教材——《科学发展主题案例》

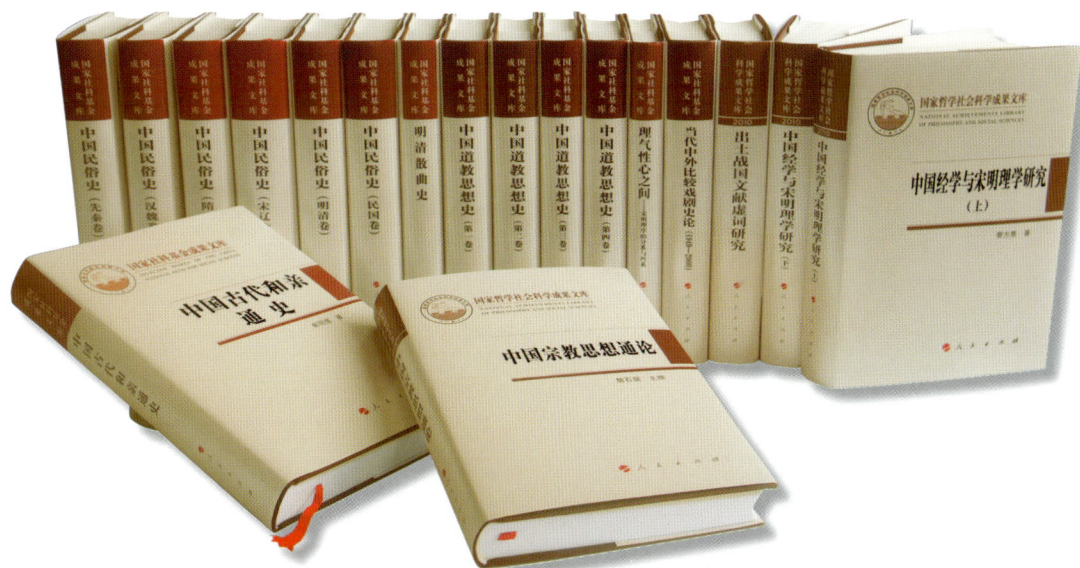

中国民俗史（先秦卷）

中国民俗史（汉魏卷）

中国民俗史（隋唐）

中国民俗史（宋辽）

中国民俗史（明清卷）

中国民俗史（民国卷）

明清散曲史

中国道教思想史（第一卷）

中国道教思想史（第二卷）

中国道教思想史（第三卷）

中国道教思想史（第四卷）

理气性心之间

当代中外比较戏剧史论（1949—2000）

出土战国文献虚词研究

中国经学与宋明理学研究（上）

中国经学与宋明理学研究（上）

中国古代和亲通史

中国宗教思想通论

国家哲学社会科学成果文库

人民文库

人民联盟文库

第四篇 部门简介

Departments

人民出版社机构图

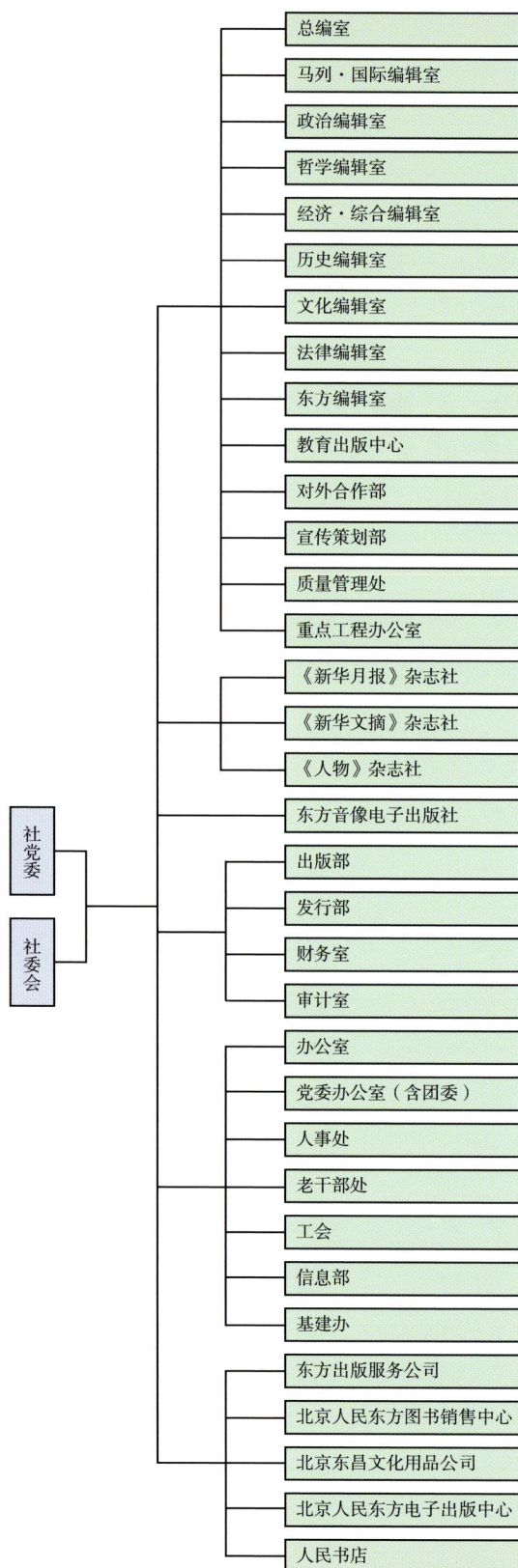

```
                              ┌─ 总编室
                              ├─ 马列·国际编辑室
                              ├─ 政治编辑室
                              ├─ 哲学编辑室
                              ├─ 经济·综合编辑室
                              ├─ 历史编辑室
                              ├─ 文化编辑室
                              ├─ 法律编辑室
                              ├─ 东方编辑室
                              ├─ 教育出版中心
                              ├─ 对外合作部
                              ├─ 宣传策划部
                              ├─ 质量管理处
                              └─ 重点工程办公室

                              ┌─ 《新华月报》杂志社
                              ├─ 《新华文摘》杂志社
                              └─ 《人物》杂志社

                              ── 东方音像电子出版社

          社党委               ┌─ 出版部
                              ├─ 发行部
          社委会               ├─ 财务室
                              └─ 审计室

                              ┌─ 办公室
                              ├─ 党委办公室（含团委）
                              ├─ 人事处
                              ├─ 老干部处
                              ├─ 工会
                              ├─ 信息部
                              └─ 基建办

                              ┌─ 东方出版服务公司
                              ├─ 北京人民东方图书销售中心
                              ├─ 北京东昌文化用品公司
                              ├─ 北京人民东方电子出版中心
                              └─ 人民书店
```

【总编室】

　　本室是编辑工作的综合管理和沟通协调部门。负责制定编辑工作规章制度，编制全社图书选题计划、发稿计划、重点书规划并组织实施和监督检查，落实、催办社领导有关编辑工作的指示。日常编务工作主要包括：选题立项登记，书号使用管理，书稿合同审核，发稿，重大选题报批，稿费、审稿费、封面设计费的审核发放，书稿档案管理，在版编目制作，样书管理，图书评奖，读者和作者的来信、来稿处理，图书资料的购买和保管，编辑、出版业务流程中需要协调解决的问题，等等。

【马列·国际编辑室】

　　本室主要承担马克思列宁主义经典著作以及马列主义、世界社会主义运动、当代重大国际问题研究著作和参考文献的编辑出版任务，是国内唯一的马列经典著作专业编辑室。多年来，马列·国际编辑室秉承人民出版社严谨、务实、无私奉献的优良传统，牢记"双百方针"，自觉服从服务于党和国家工作的大局，本着对党和国家的事业高度负责的精神，认真做好马列经典著作的编辑出版工作，编辑出版的马列经典著作主要有：《马克思恩格斯全集》、《列宁全集》、《马克思恩格斯选集》、《列宁选集》、《斯大林全集》、《马克思恩格斯文集》、《列宁专题文集》等马列经典著作的全集、选集本以及《资本论》、《共产党宣言》、《马克思主义经典著作选读》等重要著作的单行本、选编本、汇编本等。编辑出版的马列主义、世界社会主义运动、当代国际问题研究著作主要有：《马克思主义史》、《马克思传》、《恩格斯传》、《列宁传》等。

【政治编辑室】

本室主要编辑出版党和国家领导人著作（选集、文集、讲话单行本），党和国家领导人年谱、传记，党和国家重要文件文献（包括党的全国代表大会和中央全会、全国两会等重要会议文件，以中共中央、国务院名义发布的重要文件等），宣传党和国家路线方针政策的辅导性、普及性读物，党史、党建类图书，政治类学术著作以及政治类文化读物等。

政治编辑室自成立以来，出版了一大批重要图书：《毛泽东选集》、《毛泽东文集》、《邓小平文选》、《江泽民文选》，胡锦涛同志重要讲话单行本等党的主要领导人著作；《周恩来选集》、《刘少奇选集》、《朱德选集》等老一辈无产阶级革命家的著作；《周恩来传》、《朱德传》等领导人年谱与传记；党的十一届三中全会以来系列重要文献选编，《中华人民共和国法律》等重要政治与法律文件汇编本；《十七大报告辅导读本》等宣传普及读物和学术研究著作。

【经济·综合编辑室】

　　本室以编辑宣传党和国家经济政策、经济规划和出版高水平经济类学术理论著作为主要任务，出版了一大批在经济理论研究和经济知识介绍方面有代表性的图书，如《邓小平经济理论学习纲要》（中央财经领导小组办公室主编），《中国社会主义经济问题研究》（薛暮桥著），《社会主义经济论稿》（孙冶方著），《广义政治经济学》（许涤新著），《政治经济学社会主义部分探索》（于光远著），《从"新民主主义社会论"到"社会主义初级阶段论"》（于光远著），《经济结构与经济管理》（马洪著），《社会主义再生产问题》（刘国光著），《积极财政政策与宏观经济调控》，《世界经济概论》，《中国近代经济史》，《领导干部宏观经济管理知识读本》，等等。其中有近百种图书荣获国家级和省部级图书奖，取得了良好的社会效益和经济效益。

【哲学编辑室】

本室以编辑出版哲学类学术专著及相关普及读物为主。如《大众哲学》（艾思奇著）、《唯物辩证法大纲》（李达著）、《辩证唯物主义原理》和《历史唯物主义原理》（肖前等主编）、《形式逻辑》（金岳霖主编）、《马克思主义伦理学》（罗国杰主编）、《美学概论》（王朝闻主编）、《中国思想通史》（侯外庐等著）、《中国哲学史新编》（冯友兰著）、《中国哲学发展史》（任继愈主编）等。这些著作在哲学界、思想界产生了广泛影响，其中不少著作是我国大学哲学系沿用多年的权威教材。

近年来，本室出版了《艾思奇全书》（获首届中国政府出版奖）、《希腊哲学史》（汪子嵩等著）、《西方哲学通史》（刘放桐等主编）、《东方哲学史》（徐远和等主编）、《中国道教思想史》等一批有分量的学术著作。

【历史编辑室】

本室以编辑出版历史类学术专著见长，兼及知识性、时政性畅销图书。出版范围包括中国通史、断代史、专题史，外国国别史、地区史、专题史，中外历史人物传记，地方志，外国史学名著译作，等等。

本室坚持学术质量第一的原则，提倡百家争鸣，鼓励学术创新。近三十年来，为中国学术的传承、积累和创新，作出了重要贡献。重要出版物有：《中国通史》（十二卷本，范文澜、蔡美彪等著）、《中国民俗史》（六卷本，钟敬文主编）、《中国学术通史》（六卷本，张立文主编）、《中华人民共和国史》（六卷本）、《美国通史》（六卷本，杨生茂、刘绪贻主编）、《欧洲文艺复兴史》（十二卷本）、《李大钊全集》（最新注释本）以及中国历代帝王传记丛书、中国断代史丛书、中国近代史研究丛书、中国文化新论丛书、地区史系列丛书、国别史系列丛书等。其中近十种图书荣获国家图书奖，近百种图书获省部级优秀图书奖。

【文化编辑室】

　　本室成立于1999年，是人民出版社最"年轻"也是最富人文气息的编辑室。文化编辑室秉承传播多元文化、弘扬人文精神、关怀社会进步、促进学术创新的理念，多年来，出版了一大批既具经典品格，又具时代风貌的书籍。展示了人民出版社不断进取、丰富自我的面貌。

【法律编辑室】

　　本室的工作任务是，宣传马克思主义法学基本理论，宣传中国特色社会主义法律体系，宣传我国社会主义法治建设的成就和经验，介绍国内外法学理论研究成果，普及大众法律知识。

　　本室成立于 2004 年，是人民出版社组建最晚的专业编辑室。几年来，本室坚持"百花齐放、百家争鸣"和"古为今用、洋为中用"的方针，按照"以打造人民出版社法律图书品牌为目标，以出版高质量学术著作为起步，低成本稳步拓展业务"的思路稳步发展，出版了一大批法律法规文献、法学理论著作、法律通俗读物和法律教材，受到读者的广泛好评，为中国社会主义法治建设和社会主义精神文明建设作出了积极贡献。

【东方编辑室】

本室主要以编辑出版社科文化类图书为主，包括中国传统文化、人物传记，兼及史学。近些年来出版过的重点图书有"国学新知文库"、"美丽与哀愁（人物系列）"、"飞扬与落寞（人物系列）"、"中国历史（断代史）系列"、"南宋史丛书"、"北京专史集成"等。近年来，又开发了"新农村建设丛书"等。全室共同完成大型社科基金成果文库《内蒙古通史》（8卷本）、大型公益出版项目《中国家庭应急手册》的编辑出版工作。

【对外合作部】

　　本部承担对外交流与合作的任务，是人民出版社努力开拓国内市场，发展国际业务，积极探索文化走出去，不断迈向国际化的重要支点。

　　对外交流与合作，包括积极寻求同国内外著名出版社（集团）建立战略合作伙伴关系，大力拓展图书版权贸易；探索同国内外高校、社科教研机构、图书馆的多层次合作；处理国内外与我社版权相关的法律事务，提供与出版相关的法律咨询；组织参加各大国际书展，承担对外联络等外事工作；同时，还承担着组织落实人民出版社同海内外共同合作开发重大出版工程的任务。

【质量管理处】

本部门工作主要有三部分：我社图书样书的质量检查工作，包括内容质量、编校质量、印刷质量、装帧质量；协助社领导审读部分书稿；将已经出版的图书信息上传至新闻出版总署。

【宣传策划部】

本部门是人民出版社负责宣传策划工作的综合业务部门,主要职能是:协助编辑部门和发行部门对全社重点图书进行宣传、推介、营销策划和信息反馈工作;组织策划重大图书选题;参与图书出版发行有关活动的组织策划工作;完成社领导交办的临时性工作;配合社领导组织策划全社性大型活动和经常性的企业文化活动。

【重点工程办公室】

　　本室主要承担中央实施马克思主义理论研究和建设工程重点编写教材的出版任务。目前已出版了《法理学》、《社会学概论》、《马克思主义政治经济学概论》、《科学社会主义概论》和《军队政治工作学》等书。此外，还积极承担社里其他重大项目的宣传、策划、组织、协调工作。如参与第一、二届中国出版高端论坛、"中国共产党思想理论资源数据库"上线仪式等大型活动的筹备工作等，并出版了《中华少年强》、《改革开放30年纪实》、《辉煌六十年》等重点图书。

【新华月报杂志社】

《新华月报》创刊于 1949 年 11 月。毛泽东主席为《新华月报》创刊号题词。胡愈之在《代发刊词》中提出"记录新中国人民的历史"的任务，成为《新华月报》几十年来始终遵循的办刊宗旨。作为一本大型综合类时政刊物，《新华月报》汇集了不同时期我们党和国家最重要的文献资料和国内外重大事件的报道，为了解和研究新中国历史提供了数量巨大而又权威、珍贵的材料。

本刊突出思想性、知识性、资料性及学习功能。坚守高端、权威，兼顾阅读、收藏。

【新华文摘杂志社】

《新华文摘》创刊于1979年1月。三十多年来，《新华文摘》以推动和促进中国学术发展和社会进步为目标，坚持正确的办刊方向，弘扬主旋律，追求学术品位，关注时代问题，突出理论深度，注重可读性，为广大读者展示了哲学社会科学的新知识、新观点、新理论、新方法和大量文学艺术精品，以其思想性、权威性、学术性、资料性、可读性、检索性在期刊界独树一帜，在促进思想解放、繁荣学术研究、弘扬民族文化、普及科学知识等方面，作出了巨大贡献，得到了上级领导和社会各界的高度肯定，赢得了广大读者的热诚赞誉。

2004年1月，《新华文摘》改为半月刊。政治、新华观察、哲学、经济、历史、文艺作品、美术之页与漫画、文艺评论、人物与回忆、教育、科学技术、读书与传媒、论点摘编十三个栏目上下半月均设，法学、文化、管理栏目与社会、国外社会科学、学术动态为上下半月交替出现。改刊后的《新华文摘》，加快了传播速度，增强了时效性，加大了承载量，提升了品位，加强了策划力度，提高了质量，进而突出了思想库、学术评价和国际交流三大功能。

【人物杂志社】

《人物》杂志创办于 1980 年，以刊载名人传记和当代高端人物报道为主，始终坚持"秉笔直书，存真求实"的办刊宗旨，坚持主流文化价值观念，以独特的观察视角真实记录人物的生命历程，深刻解读人物命运，以真实准确、朴实厚重的风格打造出一个高知名度品牌。

三十多年来，《人物》杂志共刊发当代及近现代中外人物传记、人物报道、人物专访万余篇，直接涉及古今中外各界人物 20 余万人，被读者、研究者及业界同行誉为"当代史记"。

《人物》不仅是传统的出版与传媒业的一部分，更是新兴的名人声望制造与传播业的一部分。致力于打造代表中国主流文化价值观念的声望制造与传播业的行业标准，是《人物》的使命。

【出版部】

　　本部门由版式设计、校对、材料、印制四部分组成。肩负着编辑部门所有发稿后的生产制作物化实现工作。主要工作流程体现在印前、印中、印后三个方面，即印前的版式设计、校对、印制材料的准备、检核开具印制施工单；印中对所有发出的在印图书进行监控检查、解决印中可能出现的技术问题、调度生产周期、保质保量按时出版；印后的样书检查、入库及核结印装材料、印装工价等工作。

【财务室】

　　本室严格遵守国家有关财经法律、法规和社内规章制度，负责人民出版社的财务制度建设、资金管理、预算管理、会计核算、财务数据统计，参与社内相关重大决策。本室的具体任务是：建立、健全出版社财务管理、会计核算、稽核审计等有关制度，并组织实施、监督执行；参与制定出版社相关经济、业务计划，制定预算并分析预算、计划的执行情况；负责资金管理与筹措，为出版社的总体运营提供财务保障；建立、健全财务核算体系，定期编制财务会计报表，力争成本核算标准化、费用控制合理化；参与出版社重大经营、投资项目决策，提出风险管理和控制措施；会同相关部门，对固定资产和低值易耗品进行定期盘点和清查；及时上交税款。

【发行部】

　　本部门是我社实现图书社会效益和经济效益的最终环节，也是直接面向市场树立出版社品牌形象、展现出版社精神风貌的窗口。

　　本部门以服从出版社的整体利益和统筹安排为前提，以树立大局意识和全局观念为宗旨，以信誉第一、读者至上为行为准则，以合作意识和团队精神为工作作风，以艰苦细致、务实求效为工作态度。

　　本部门秉承我社"为人民出好书，人民出版为人民"的理念，牢固树立"发展是硬道理"的观念，为不断开拓我社图书发行市场，实现我社图书发行量的最大化以及社会效益的最大化，在长期经营过程中建立了具有我社特色的相对稳定、科学合理的全覆盖销售渠道。在发行马列经典和国家领导人著作方面，建立了一套完整、成熟的运营机制，能够保质保量、准确无误地完成社领导交办的任务；同时也具备强有力的学术图书、市场图书和教材教辅的市场拓展渠道。

【办公室】

本室主要职能：综合工作，各类事务、会议、活动等工作的组织、沟通、落实与协调，社内外各种信息的上传下达；日常文秘、保密工作，包括社内会议、总结、规章制度、简报等文件的起草、整理与印发，社内外文件的登记、传递与发排等，公章、介绍信的管理使用，文书等档案的收集管理等；固定资产的采购管理，包括社内固定资产与员工住房情况的计划管理，住房补贴及物业费、暖气费、电话费的管理等；后勤服务保障工作，包括社内办公、劳保用品的采购管理，职工食堂的管理，车辆的调度协调，社内日常维修与安全工作等。

【人事处】

本部门主要负责人事服务和人事管理工作。本部门以全面贯彻中央和国家人事管理有关政策、服务全社职工、优化人员结构、提高生产经营效益为主要目标，具体负责实施以下管理服务职能：

负责对本社人员、机构编制的管理，合理配置人力资源，科学设置机构和岗位，结合事业单位改革，做好人员定编、定岗、定员工作；

实施人才强社战略，抓好职工队伍建设，制定并实施人才培养目标，执行人才培养计划，按照国家有关规定，考核、录用和调配干部职工；做好人员培训和职称评定工作；

建立、完善、执行本社考核制度，负责抓好在职职工的年度考核工作，并对直属单位（机构）考核提供指导；

按照有关规定，核发员工工资福利，调整工资和发放奖金，缴存住房公积金；

为全社在职职工及退休职工做好医疗保险和社会保险等各项工作，做好补充医疗保险，办理在职及退休职工的医疗费用报销等工作；

依据有关政策和本社制定的职工管理规定，负责全社职工的日常考勤及休息休假管理；

实施对直属单位（机构）聘用人员的管理、指导和监督工作。

【人民东方电子出版中心】

本部门负责我社数字出版的建设和运营工作，对我社数字出版的整体规划、技术实施和产品生产等多方面工作提出方案并负责实施。其中，以信息部为主体建设的"中国共产党思想理论资源数据库"，是国家重大出版工程，也是我社数字出版和传播的龙头项目，该项目对我社有史以来出版的所有图书，进行全面的、高质量的深层代码化加工，并配套以友好适用的数据库使用工具和传播平台。

本部门同时承担着全社的信息化建设工作，对我社所有的工作业务系统进行建设、维护和完善，对我社信息化的硬件、安全和网络进行维护和支持。

【党委办公室】

　　本室是社党委的职能部门和办事机构，主要任务是在社党委领导下，根据社党委的要求和部署，开展社党委日常工作。此外，作为社纪委、社精神文明建设领导小组的办事机构，还承担着开展我社纪律检查和精神文明建设的日常工作。同时，由于我社是新闻出版总署的直属单位，党的组织关系在中央国家机关党工委所属的新闻出版总署直属机关党委系统，本室还要完成直属机关党委、纪委、中纪委驻总署纪检组、署精神文明领导小组交办的各项任务。目前，本室主要负责开展以下几个方面的工作：组织工作、宣传工作、纪检工作、精神文明建设工作、统战工作、共青团工作、稳定工作、日常党务工作、党委临时交办工作和自身建设。

【基建办公室】

本室是承担全社基本建设管理的职能部门。本室全体同志发扬团结奋斗、开拓进取的精神，以廉洁高效为工作准则，认真钻研专业理论，确立全新的基建管理理念，实现基建管理工作的规范化、科学化、制度化，在全社同志面前展现现代基建管理工作者的良好形象。

【老干部处】

　　本部门主要承担以下职能：一、认真贯彻执行国家有关离退休干部工作的方针、政策和有关规定，组织落实好离退休老同志政治、生活两项待遇；二、贯彻离退休党支部工作条例，协助离退休支部组织好离退休党员每月的组织生活，落实好离退休人员的政治学习和政治活动；三、做好离退休老同志的日常管理服务工作；四、做好在职、离退休老同志日常医疗保健、每月医保核算报销、每年度的体检、计划生育、卫生防疫、无偿献血等工作；五、根据社领导的要求，制订全年工作计划及离退休干部信息系统的管理工作，及时准确地向上级有关部门汇报离退休干部信息。

【教育出版中心】

　　本中心成立于2003年，主要承担中小学教材和教育类图书的出版任务。截至2010年，已成功开发义务教育课程标准实验教科书《思想品德》（7—9年级，共5册）、普通高中课程标准实验教科书《历史》（必修3册，选修6册）等国家课程标准教材。这些教材已被全国19个省（自治区、直辖市）选用，年发行码洋达1.29亿元，受到读者的广泛好评。此外，本部门还开发了《生命教育》、《民族团结教育》、《职业健康与安全》等中小学教材以及一系列大学教材，并出版了一批高品质的学术著作，初步形成了以教材出版为主体、以中小学教辅和学术著作出版为两翼的"一干多枝"的特色。

【东方音像电子出版社】

本社于 2004 年 7 月 12 日正式成立，2005 年元月正式开始运营。本社积极贯彻人民出版社的全媒体出版战略，经过数年的努力，已经形成了经济、管理、励志、生活和童书 5 条产品线。其中经济、管理和励志产品线，在市场上形成了一定的品牌认知度。

【东方出版服务公司】

本公司的主要业务是：编辑出版政治学、社会学、法律学、哲学、经济、历史、文化等精品哲学社会科学学术著作和策划制作文化教育类市场化图书。已出版的十卷本大型科学类史书《资政史鉴》被学界誉为"古有《资治通鉴》今有《资政史鉴》"，是领导干部爱不释手广为收藏的案头必备书；组织翻译出版的《南京浩劫——被遗忘的大屠杀》，获第二届中华优秀出版物奖（图书奖）提名奖并被列为新闻出版总署第六次向全国青少年推荐的百种优秀图书。另有相当数量学术著作获得各部委、各省社会科学优秀成果奖，如《科学社会主义通论》、《经济全球化与中国政府能力现代化》、《"红色经典"的文学价值》、《地方政府公共服务部门改革研究》、《美国外交思想史》等。

【东昌文化公司】

　　本公司成立于 1992 年，主要从事文化产品特别是出版物的制作和相关服务工作。自 2007 年接管照排室后，本公司业务量得到长足发展，年设计制作图书 700 余种；出片 1000 余种；设计图书封面近百种。本公司现已成为我社出版物印前制作的一支重要力量。

【人民东方图书销售中心】

  本中心的前身是人民出版社读者服务部。自成立以来，服务于各层次读者，多次受到上至党中央机关、下至偏远山区的普通读者的好评。我们的服务宗旨是架起连接读者—作者—编者的桥梁，起好窗口作用。本中心将一如继往地做好图书销售工作，坚持品质第一、服务第一的原则，维护人民出版社的形象。

【人民书店】

　　人民书店是由人民出版社、杭州谛都置业有限公司共同打造的具有"人民版"优势的经营平台。书店总部设在浙江省杭州市余杭区，经营主体为浙江人民书店有限公司；公司依托人民出版社市场联盟的出版资源，坚守"人民书店为人民送好书"的经营宗旨，建立连锁直营体系与电子商务网络中心，努力打造数字出版产业，创建文化领域强势品牌；打造多层次文化产业链，形成一个拥有自主知识产权、多体系的文化产品集群，努力发展成为综合实力较强的文化创意产业集团。

【离退休老干部】

第五篇

大事记

Milestones

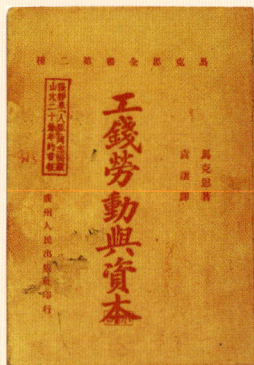

7月，各地共产主义小组的代表在上海召开了中国共产党第一次全国代表大会。大会决定设立中央局，选举陈独秀担任书记，张国焘负责组织工作，李达负责宣传工作。

9月，为加强对马克思列宁主义理论的宣传，党的"一大"决定创建自己的出版社，社址选在上海南成都路辅德里625号（现老成都北路七弄30号），具体工作由李达负责，出版社取名"人民出版社"。寓意中国共产党的一切奋斗，归根到底都是为了人民，出版社的根本宗旨就是全心全意为人民服务，传播新思想、宣传新主义、增进民族大团结，勇敢担当起带领人民创造幸福生活、实现中华民族伟大复兴的历史使命。"一大"会后被暂留下筹办临时中央的刘仁静协助李达筹办人民出版社。由于党处于地下活动状态，为了保密，同时也为迷惑敌人，出版物上的出版社名大都是印的"广东人民出版社印行"，社址印的是"广州昌兴马路26号"（即《新青年》社址）。后改为"广州昌兴马路28号"。

11月，人民出版社在由陈独秀主持出版的《新青年》杂志第九卷第五号上发布通告，简述创社宗旨与任务："近年来新主义新学说盛行，研究的人渐渐多了，本社同人为供给此项要求起见，特刊行各种重要书籍，以资同志诸君之研究。本社出版品的性质，在指示新潮的趋向，测定潮势的迟速，一面为信仰不坚者祛除根本上的疑惑，一面和海内外同志图谋精神上的团结。各书或编或译，都经严加选择，内容务求确实，文章务求畅达。这一点同人相信必能满足读者底要求，特在这里慎重声明。"此通告还列出了计划出版和已经出版的49种图书书目，其中《马克思全书》15种，《列宁全书》14种，《康民尼斯特丛书》（即《共产主义者丛书》）11种，其他书籍9种。由此掀起了我们党历史上第一个出版马克思主义著作的高潮。

陈独秀签发党的第一个通告，明确提出"中央局宣传部（即人民出版社）在明年七月以前，必须出书（关于纯粹的共产主义者）二十种以上"。由于中央局宣传部仅李达一人，而人民出版社也是李达一人负责，所以，对中央局宣传部的要求，实际上就是对人民出版社的要求。

至6月底，由于实际出版能力和翻译水平所限，人民出版社共出书12种，其中《马克思全书》2种：《共产党宣言》、《工钱劳动与资本》；《列宁全书》5种：《列宁传》、《劳农会之建设》、《讨论进行计划书》（即《论策略书》）、《劳农政府之成功与困难》、《共产党礼拜六》；康民尼斯特丛书5种：《共产党底计划》（布哈林）、《俄国共产党党纲》、《国际劳动运动中之重要时事问题》、《第三国际议案及宣言》、《俄国革命纪实》（托洛茨基）。

为了纪念马克思诞辰104周年并声援各地工人群众的革命斗争，人民出版社还先后印发了大量纪念品和宣传品，并编辑出版了《马克思纪念册》，这是在我国出版的第一本马克思纪念册，纪念册发行达两万册，在全国产生了重大影响。

9月，人民出版社新出版的图书还有：马克思的《资本论入门》、列宁的《国家与革命》等。李达亲自创办的《共产党》月刊第六号也改由人民出版社来发行。

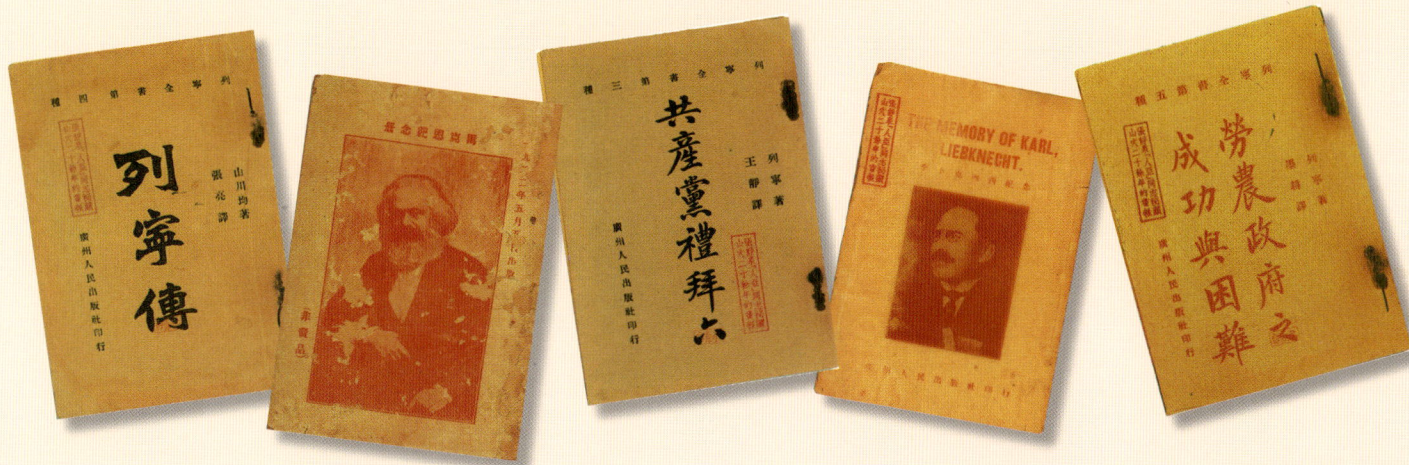

是年暑期，李达与陈独秀就"国共合作""二次革命"等问题发生激烈争执。同年秋，因不满陈独秀的家长制作风，李达回到长沙，愤而中断了与陈独秀主持的党中央的联系，不久离开了党的组织。人民出版社与广州新青年社合并。

11月1日，人民出版社将业务迁回上海，在南市小北门民国路租房，改称"上海书店"。广州新青年社的负责人苏馨甫专程到上海与上海书店的负责人徐白民进行财务及库存图书的交接。

上海书店专门经销马克思主义著作等革命书刊和印行党的所有对外宣传刊物。如陈晓风（陈望道）译《共产党宣言》，党的机关刊物《向导》等。为避免反动当局的注意，转移敌人视线，还代销其他出版单位的书刊。

1924年

1月，国民党一大召开，第一次国共合作正式形成。这一时期，宣传工作因人力不足，许多计划都未能完成，只有"《向导》尚能按（期）出版"。

1925年

3月，中国民主革命的先行者孙中山先生去世，为"借追悼会做广大的宣传，尤其要紧的是根据中山遗言做反帝及废约宣传"，上海书店紧急编辑印行了《中山遗言》。

8月，李春蕃（柯柏年）译《哥达纲领批判》作为"解放书丛"第一种在上海书店出版，印数两千册，很快销售一空。随着革命形势的好转，为满足全国各地对上海书店出版物的需要，书店建立了自己的印刷所，这是我们党自办的第一个地下印刷机构，对外称"崇文堂印务局"，地址在闸北香山路（今象山路）、宏兴路路口的香兴里，由中央宣传部的倪忧天同志担任经理，毛泽民负责发行。同时在各地建立发行机构，这样就形成了以上海书店为中心的马克思主义著作和革命书报的发行销售网。

1926年

1月，上海书店遭军阀孙传芳以"印刷过激书报，词句不正，煽动工团，妨碍治安"等罪名封闭。

6月，中央决定在武汉设长江书店，派徐白民去筹办，但徐白民因病回家休养未能成行。倪忧天奉调筹办长江书店印刷厂，将崇文堂印务局在鸿祥里分部的机器全部搬至汉口。剩下新闸路新康里（今西斯文里）分部的业务全部由毛泽民及彭礼和负责。

12月1日，长江书店开业，经理由原广州新青年社的苏馨甫担任。7日，书店在《申报》上登载广告："……继续上海书店营业。店址设在汉口后城马路下首长江书店便是，已于十二月一日正式开幕，特此广告，祈各界注意。附设向导周刊社、新青年社、中国青年社总发行所，批发零售一切革命书报。所有上海书店从前对外账目改由本店全权清理。"

中共五大后，中共中央新设置了中央出版局，张太雷任局长。广州新青年社仍以"人民出版社"的名义出版了《我们为什么斗争》，内有周恩来写的《国民革命及国民革命势力的团结》、《现时广东的政治斗争》、《现时政治斗争中之我们》等三篇，还有论广东工潮、农潮与学潮的三篇文章。

1927年

北伐军攻克武汉后，为适应革命形势发展的需要，中共中央机关迁至武汉，同时决定恢复在上海的出版机构，先成立了《向导》、《新青年》、《中国青年》三个刊物的总发行所，北伐军占领上海后，又在此基础上建立上海长江书店。中央出版局还在汉口后城马路（今中山大道）开办长江书店和长江印刷厂，重印人民出版社、新青年社、上海书店的部分书刊。

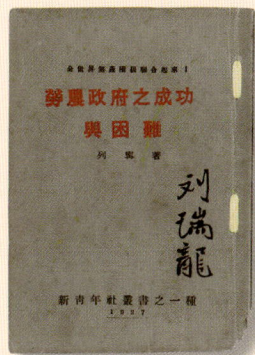

4月12日，蒋介石在上海悍然发动"四·一二"反革命政变，大肆逮捕和屠杀共产党人。上海长江书店被封闭。

7月15日，汪精卫控制的武汉国民政府也公开反共。汉口长江书店被国民党反动派封闭。

1928年

八七会议后，临时中央从汉口又迁回上海，宣传、出版工作由郑超麟负责，出版局撤销。中央又在上海成立了地下出版社"无产阶级书店"，在白色恐怖的严酷环境里，无产阶级书店出版了《列宁论组织工作》等马克思主义书籍和共产国际以及党的一些文件。

1929年

无产阶级书店遭封闭后，又成立了华兴书局，继续出版发行马克思主义理论书籍和党的重要文件。

1930年

3月，华兴书局在极为艰难的情况下翻译出版了相当数量的一批马克思主义经典著作和有关俄国革命的书籍，对马克思主义的深入传播和鼓舞人民的革命斗志、推动革命形势的发展起到了积极的作用。如华兴书局精心组织编辑出版了《马克思主义的基础》，作为"社会科学丛书"的一种，里面包括了马克思恩格斯的六篇著作，该书出版后的数年间曾不断重印再版。华兴书局还出版了华岗重译的《共产党宣言》，这是在我国出版的第二个全译本。比起陈望道第一个全译本，在翻译质量上有了很大的提高。

是年，华兴书局又遭封闭，遂改名"启阳书店"，后又更名为"春阳书店"，继续出版发行图书。

1931年

9月，其时，北方各省很难看到党中央在上海秘密出版的革命书刊。为了宣传马列主义和党的主张，党组织经多方寻觅，在保定协生印书局先试印了两本书：一本是上海书店版张伯简译制的《各时代社会经济结构原素表》，一本是瞿秋白著《社会科学概论》。两本书试印取得成功，于是决定在保定继续做下去。这"就需要确定出版社的名号，以示对读者负责。经过再三地考虑和斟酌，由于1921年至1922年的人民出版社对读者是很有影响的，而且有些北方的青年们对新生读书社（新生社，河北鏖尔 [Our 之译音] 读书会之前身）是熟悉的，于是，就确定了：出版为人民出版社，发行为新生书社"。党的保属特委命地下党员王辛民（后改名王禹夫）负责，重印和新编图书五六十种，很多工作是在上海华兴书局的指导下开展的。而且还将华兴书局出版的图书，通过秘密渠道，直接运往华北地区销售，是上海华兴书局在华北地区的一个重要发行处。

11月，中华苏维埃共和国临时中央政府在江西瑞金成立，中共中央设立中央出版局，负责苏区根据地书报刊新闻出版的审定管理和发行。局长朱荣生，后由张人亚继任。因没有一个正规的出版机构，故这一时期的书刊都是由各主管部门自己分头署名出版印行。中央苏区的出版印刷设备简陋，条件极其艰苦，在敌人的严密封锁和不断的"围剿"下，仍然出版了成百上千种图书，为宣传党和苏维埃政府的各项政策，指导根据地各项建设，发展苏维埃文化教育事业作出了重要贡献。

1932年

7月，国民党反动当局镇压保定学潮，王辛民被通缉，北方人民出版社的社务被迫暂停，王辛民被调至北平，市委唐锡朝（即唐明照）等负责同志要求他继续负责北方人民出版社的工作。随后北方人民出版社又在北平出版了列宁的《苏联革命过程中的农业问题》等书。

1937年

中国工农红军经过长征到达陕北后，1937年4月，党中央在延安成立了中共中央出版发行部，李富春任部长。不久，成立了"解放社"，并在24日出版了《解放》周刊创刊号。马恩列斯经典著作与毛泽东著作用"解放社"名义出版，有时也用"人民出版社"名义出版，而一般的社会科学读物则用"新华书局"的名义出版。

10月，袁西樵主编的《毛泽东论中日战争》由陕西人民出版社出版。陕西人民出版社还在书内刊登广告，代销《外国记者——西北印象记》等书。

12月，七七事变后，第二次国共合作形成，中共中央派出以周恩来为首的中共代表团常驻国民党中央政府所在地，同国民党继续进行谈判，并在武汉设立中共中央长江局，建立"中国出版社"，作为在国统区以民间企业出现的出版机构，以区别于共产党的公开宣传机关的《新华日报》及其附设的出版部。中国出版社的社名由毛泽东题写，中国出版社不另立机构，完全委托新知书店办理，凡用中国出版社名义出版的书籍，书稿一律送凯丰决定。在汉口时期，中国出版社与延安解放社南北呼应，许多重要图书，同一译者同一版本几乎是在同一时间出版。

是年，中国出版社出版了《共产主义运动中的"左派"幼稚病》、《论反对派》、《国家与革命》、《列宁主义问题》以及《吴玉章抗战言论选集》等书。

1938年

3月，中国出版社出版了《马克思恩格斯论中国》。这是第一本中文版的马克思恩格斯关于中国的论文集，是指导中国革命的理论著作。该书最早由莫斯科外国工人出版社于1937年出版，译者方乃宜。

5月，解放社出版《马克思恩格斯论中国》。5日，在党中央的关心支持下，马列学院在延安正式成立。院长为洛甫（即张闻天）。马列学院专门抽调人力设立编译部，编译《马克思恩格斯丛书》和多卷本《列宁选集》、《斯大林选集》交解放社出版。

《社会主义从空想到科学的发展》由解放社出版。

8月，《共产党宣言》由解放社出版。

9月，党的六届六中全会召开，决定撤销长江局成立南方局，代表党中央领导南方国民党统治区和沦陷区党的各项工作，书记周恩来。

10月，武汉沦陷后，中国共产党机关报《新华日报》馆从汉口迁至重庆，《新华日报》在南方局的指导下编译马列著作，翻印了大量上海书店、解放社的图书及国内外的一些进步报刊，同时还自编出版了许多宣传品。

11月，中国出版社出版《社会主义从空想到科学的发展》。还出版了马克思、恩格斯的《共产党宣言》（成仿吾、徐冰译），列宁的《"左派"幼稚病》（纪华译）和《共产党党章》。《法兰西内战》（吴黎平、刘云合译）由解放社出版。

1939年

解放社出版了《斯大林选集》，以及《马克思恩格斯论中国》、《列宁斯大林论中国》、《政治经济学论丛》等书。

《新华日报》馆重印了吴黎平、刘云合译的《法兰西内战》、《列宁选集》（六卷本）。

中国出版社出版了伯虎、流沙译《列宁选集》（第8卷）、毛泽东的《论持久战》以及赵飞克等翻译的《苏联概况》。

1940年

1月，由于国民党顽固派不断掀起反共浪潮，南方局根据中央书记处的指示，立即同《新华日报》馆进行研究，组织各方力量，将延安出版的《新中华报》、《共产党人》、《解放》、《军政杂志》等报刊的社论和重要文章印成小册子，通过秘密的发行网点及其他各种方式进行散发。

12月，南方局组织力量，将半年来国共双方往来电文和国民党的反共文件汇印成册秘密发出，并通过外国朋友把材料带到香港向国外宣传，揭露蒋介石国民党长期媚外反共的真相。

1941年

1月5日，国民党顽固派制造了震惊中外的"皖南事变"，并加速对共产党人及进步组织的迫害和打压，掀起又一轮新的反共高潮。重庆《新华日报》馆已不能进行正常出版工作。

1942年

解放社出版马恩列斯《思想方法论》。同年5月1日正式在延安启用"新华书店"的名义，统一负责北方革命根据地图书的编辑出版与发行工作。同时在国统区，由南方局周恩来领导的《新华日报》馆承担了进步图书的编辑出版与发行工作，出版有毛泽东的《新民主主义论》、《论联合政府》、《在延安文艺座谈会上的讲话》和党的整风文件等。为了保存进步出版力量和继续进行斗争，地下党又在上海、武汉、北平、广州等地组建"联营书店"、"华夏书店"、"骆驼书店"等一批新的进步书店。

中国出版社出版了薛暮桥著的《中国革命问题》。

1943年

因革命形势的需要，在重庆的新华日报社将党领导的生活书店、读书出版社和新知书店三家书店聚拢到旗下，统一对敌斗争。与此同时，在北方，新华书店与延安的华北书店合并后，统称新华书店，规模扩大，业务逐步发展，但具体业务仍分区进行。

1945年

8月15日，日本帝国主义宣布无条件投降，抗日战争取得最后胜利。根据中共中央指示，在大后方的各出版社立即返回原地，恢复业务，抢占出版阵地。三联书店的三线书店华夏出版社回到上海后用"中国出版社"名义出版了毛泽东的《论联合政府》，文艺读物《腐蚀》、《李有才板话》。由于多家出版社离开，有21家出版社把自己原在重庆及西南的发行业务交给三联书店。

10月22日，在重庆民生路二楼举行大会，生活书店、读书出版社、新知书店三店正式合并，成立重庆三联分店，设立联合生产部，决定所出图书续用"人民出版社"的名义，所出刊物定名为"人民丛刊"。

爱泼斯坦等著的《毛泽东印象》以"重庆人民出版社"名义出版。

1946年

在解放战争不断取得胜利的形势下，广大干部群众对马克思主义、毛泽东著作的需求日益高涨，各根据地和新解放区根据中央指示，陆续建立起新华书店。这些书店虽名称一样，但都是分散经营，相互之间没有上下级关系，其业务大都是重印延安解放社出版的马列主义著作和党的文件。

朱德的《论解放区战场》由中国出版社出版。

1947年

11月，为纪念《共产党宣言》发表一百周年，中国出版社在香港出版了1938年延安解放社出版的马克思、恩格斯的《共产党宣言》(成仿吾、徐冰译)，以及史特朗著、孟展翻译的《毛泽东的思想》。

10月26日，根据党的指示，国统区的三联书店彻底合并，在香港成立了生活·读书·新知三联书店总店，利用其特殊的地理位置，统一经营，成为中共对海外宣传的重要窗口。

2月，北平解放后，中共中央宣传部设置出版委员会，领导全国出版事业的整顿和恢复工作。出版委员会主任委员黄洛峰，副主任委员华应申、祝志澄。陆定一部长传达周恩来指示："出版工作需要统一集中，但是要在分散经营的基础上，在有利和可能的条件下，有计划的有步骤的走向集中统一。"

9月，胡愈之被聘为新华书店总编辑，开始负责出版工作。

10月1日，中华人民共和国中央人民政府成立。中央人民政府政务院设立出版总署，胡愈之被任命为署长，叶圣陶、周建人为副署长，胡绳担任办公厅主任。中央宣传部出版委员会改制，其工作移交出版总署。黄洛峰改任出版总署出版局局长，原出版委员会副主任委员华应申、祝志澄改任副局长。

10月3—9日，全国新华书店举行第一届工作会议，通过了统一经营的决议。毛泽东主席亲笔为会议题词："认真做好出版工作"，朱德总司令到会讲话，并为会议题写了："加强领导　力求进步"。

解放社出版了何思敬翻译的马克思的《哲学的贫困》。

4月1日，新华书店总管理处正式成立。出版局把前出版委员会带到出版总署的出版业务工作移交总处接办。新华书店总管理处成为隶属于出版总署、受总署出版局直接领导之企业机构，总处以下，各大行政区设新华书店总分店，全国各地新华书店的业务均归新华书店总管理处领导。总管理处分出版部、厂务部、发行部三大专业部门，各大行政区的新华书店总分店也分这三个专业部门，省地县的新华书店，一般不再承担出版任务，是单一的发行机构。

8月29日—9月10日，全国新华书店在北京举行第二届工作会议，讨论与解决出版、印刷、发行进一步分工专业化问题，会议通过了《关于统一全国新华书店的决定》、《关于成立人民出版社》、《关于今后新华印刷厂工作》、《关于今后新华书店工作》的决议和决定。明确了书店为专营化发行的机构，把出版关于马列主义的译著和毛泽东思想的著作列为出版工作的重点内容之一。为编辑出版独立，重建党的出版机构——人民出版社做好了准备。

9月，第一次全国出版工作会议于15日在北京召开，会议确定了出版事业为人民服务的方针，并正式决定把过去分散经营的新华书店统一为全国性的国营企业；又将兼营出版、印刷、发行的新华书店分工专业化，所属出版部门划分出来成立中央和各地人民出版社。出版总署下发的《关于国营书刊出版印刷发行企业分工专业化与调整公私关系的决定》第九条明确指出："人民出版社为国家首要

1950年12月人民出版社于北京重建时全体人员合影

的出版机关，必须以很认真与负责的态度为人民服务；必须保证出版物内容上与形式上一定高度的水平；必须密切配合每个时期的政治任务与政策要求；必须努力发动和培养各方面的著作力量，与各有关方面建立广泛联系，组织各方面的稿件，并进行加工。"

12月1日，历经近三十年风雨的人民出版社在北京重新建立，新华书店总管理处出版部连同出版总署编审局的二、三处合并为人民出版社，成为党和国家的最重要的出版机构，胡绳任社长，华应申任副社长兼总经理，王子野任副社长兼总编辑。社址设在东总布胡同10号。在此之前用"新华书店"、"解放社"名义出版的图书及编辑出版业务全部转为由人民出版社办理。

18日，人民出版社召开成立大会。中共中央宣传部部长陆定一、出版总署署长胡愈之、副署长叶圣陶到会祝贺并讲话。陆定一部长在讲话中指出，出版政治、社会科学书籍是国家出版社重大而严肃的任务，人民出版社就要担负这一任务。他勉励全社同志认真严肃地来完成这一艰巨而光荣的任务。胡愈之署长在讲话中，强调了人民出版社作为国家政治书籍出版社的重要地位，指出："虽然人民出版社为出版总署直属的企业机关，但它在政治思想上应直接接受中共中央宣传部的领导，同时它也应当负起领导各地方人民出版社的责任。"

1951年

2月，毛泽东主席为本社题写社名"人民出版社"。

8月，生活·读书·新知三联书店合并于人民出版社。作为人民出版社的副牌，继续以三联书店名义出版哲学、经济、历史等方面的学术著作和翻译书籍，以及某些内部发行书籍（1986年1月，三联书店分出，恢复独立建制）。

10月17日，周恩来总理办公室致函出版总署署长胡愈之，传达周总理对《新华月报》的批评：新华月报编得太芜杂，许多重要文件未登，却登了不少可有可无的文章，希望出版总署改进。胡署长也提出了贯彻周总理指示的意见。据此，本社对《新华月报》的编辑工作进行了认真的检查，提出了改进的措施。

10月，出版《毛泽东选集》（第1卷）。

1952年

10月，世界知识出版社改为公营合并于人民出版社。合并后《世界知识》杂志及世界知识丛刊，对外仍保留知识出版社的名义（1957年世界知识出版社分出，恢复独立建制）。

11月，胡绳任人民出版社社长兼总编辑。

出版《毛泽东选集》(第2卷)。

出版宋庆龄著《为新中国奋斗》。

1953年

4月，《人民出版社组织条例》经出版总署批准试行。《条例》规定：人民出版社为直属中央人民政府出版总署领导之国营出版机构，主要任务为出版马克思列宁主义和毛泽东思想的经典著作、党和政府的政策文件、党政领袖著作及其他社会科学著作。

出版马克思著《资本论》(第1、2卷) (郭大力、王亚南译) (第3卷于1954年出版)。

出版《斯大林全集》(第1、2卷) (中共中央马恩列斯著作编译局译)。全集共13卷，至1958年出齐。

出版《毛泽东选集》(第3卷)。

1954年

4月，中共中央批转中共中央宣传部《关于改进人民出版社工作状况的报告》。《报告》提出：人民出版社首先应集中主要力量出版以下书籍：马克思、恩格斯、列宁、斯大林与毛主席的著作；中共中央的文件；有关党的建设的读物；阐释和宣传马克思列宁主义理论的读物；国家的政策法令及其解释；我国的哲学及社会科学著作和苏联的重要学术著作的翻译等。根据中央的指示，人民出版社的性质进一步明确：它首先是国家的政治书籍出版社，同时又是一家出版哲学和社会科学书籍的综合性出版社。

出版《中华人民共和国宪法》(中华人民共和国第一届全国人民代表大会第一次会议通过)。

1955年

5月，中共中央宣传部批准文化部党组《关于成立法律出版社和其方针、任务、领导关系、组织机构的请示》，其中规定了人民出版社与法律出版社的分工。本社调出部分编辑、出版、财务干部，参加组建法律出版社。

出版《列宁全集》（第 1 卷）（中共中央编译局译）。全集共 39 卷，至 1963 年出齐。

出版毛泽东著《关于农业合作化问题》。

1956年

出版《马克思恩格斯全集》（第 1 卷）（中共中央编译局译）。全集共 50 卷，至 1985 年出齐。

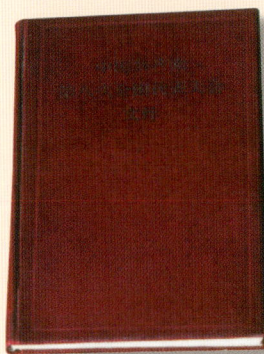

出版毛泽东主持、中共中央办公厅编《中国农村的社会主义高潮》（上、中、下册）。

出版《中国共产党第八次全国代表大会文件》。这是人民出版社成立后出版的第一本党的全国代表大会文件汇编。

出版周恩来《关于知识分子问题的报告》。

出版《孙中山选集》（上、下卷）。这部选集是为纪念孙中山先生诞辰九十周年而出版的（11 月 12 日开始发行）。

1957年

出版毛泽东著《关于正确处理人民内部矛盾的问题》。

1958年

1 月，通俗读物出版社并入人民出版社。继续以通俗读物出版社名义编辑出版通俗读物及《时事手册》、《政治学习》两个杂志。

9 月，开始自办图书发行，新华书店北京发行所一科并入本社出版部，设立发行科。1961 年 9 月，停止自办发行。

出版《毛泽东同志论帝国主义和一切反动派都是纸老虎》。

出版《社会主义教育课程的阅读文件汇编》。

1月，王子野任人民出版社社长、总编辑。

11月，文化部发出经中央宣传部批示原则同意的《关于调整和加强北京和上海若干出版社的分工协作关系和安排若干出版社出书任务的报告》。《报告》规定，上海人民出版社等几家出版社与人民出版社等中央一级出版社建立一种分社和总社性质的关系，业务上由有关中央一级出版社指导。并规定：人民出版社仍按中央批准的任务进行工作，即一方面编印马克思列宁主义经典著作、毛主席著作、党与国家的重要文件和领导人著作、苏共重要文件和苏共领导人的重要著作（以上几项任务由北京方面负责）；另一方面出版阐述党和国家重大方针政策的书籍，阐述马列主义基本原理的书籍，以及哲学、社会科学的著译（这几项任务由北京、上海共同负责）。人民出版社出版的理论著译和通俗读物，都要求有较高的水平。仍然保留三联书店名义，出版一些不适宜用人民出版社名义刊印的学术著译。

出版刘少奇著《马克思列宁主义在中国的胜利》，周恩来著《伟大的十年》。

6月，全国教育和文化、卫生、体育、新闻方面社会主义建设先进单位和先进工作者代表大会在北京举行。本社被选为国家机关系统的先进单位，副社长周保昌代表本社参加了大会。

12月，人民出版社临时党委向文化部党组和中央宣传部报送《关于改进和加强今后工作的报告》。次年4月经文化部审核同意并报中宣部审批。《报告》提出，为做好今后工作，应根据目前的新形势，重新明确我社的方针任务：人民出版社按其性质来说首先是国家的政治书籍专业出版社，同时又是国家的哲学、社会科学书籍的专业出版社，出版范围相当宽，因此不能不规定重点，下列书籍应列为我社重点：1. 马克思、恩格斯、列宁、斯大林著作；2. 毛泽东著作、党和国家的政策文件以及中央负责同志的言论著作；3. 阐释和介绍马克思列宁主义基本理论，特别是阐释和宣传毛泽东思想的专著和论文集；4. 宣传党和国家的政策方针的著作；5. 关于党史、党建的著作；6. 总结我国革命经验和建设经验的著作；7. 哲学、政治、经济、法律、历史各学科中能够代表国家现有学术水平的优秀著作

（专著或论文集）。翻译书籍还要继续出版，但应严加选择。在中央一级通俗读物出版社未成立之前，我社继续承担一部分任务，出版质量较高、有示范意义的政治理论通俗读物和选拔地方出版社的通俗读物。

出版《列宁选集》（第1至4卷）（中共中央编译局编译）。这部选集是根据中央宣传部关于纪念列宁诞辰九十周年的指示，于4月22日出版发行的。

出版《毛泽东选集》（第4卷）。

1961年

3月，法律出版社并入人民出版社，沿用法律出版社名出版有关书籍（1980年法律出版社恢复独立建制）。

6月，设立通俗读物编辑部。该编辑部为人民出版社的一个部门，但在业务上同时受文化部出版局直接领导，出书用通俗读物出版社名义。

1962年

7月，本社改变领导体制，设领导小组（王子野任领导小组组长），负责领导编辑出版业务和行政工作，设党的总支部，负责党务和思想政治工作。

出版刘少奇著《论共产党员的修养》（修订本，经作者校阅的最后一版）。

1963年

5月，中央宣传部根据中共中央的指示精神，拟定了供干部主要是党内高级干部选读的30本马列著作，本社立即组织了出版和重印的工作。

7月，中央批转中央宣传部《关于出版工作座谈会情况和改进出版工作问题的报告》（并附《关于一些政治书籍的出版权限和控制办法的规定》试行草案）。报告及附件多处对人民出版社的出版工作作了具体规定。《报告》指出：政治书籍是出版物的重要部分，应当积极加强和改进这方面的出版工作，除了出版马克思列宁主义、毛泽东思想的经典著作外，还要加强出版国际上左派共产党领导人的著作；出版重要的马克思主义学术著作；出版由中央负责同志领导编写的反对现代修正主义的小册子。一些老修正主义、现代修正主义和帝国主义的重要政治书籍，也要有计划地翻译出版，供领导部门参考阅读。《报告》在指出要正确执行"百花齐放，百家争鸣"的方针时提出，在我们出版的哲学社会科学的读物和文艺书籍中，占主导地位的，必须是具有马克思列宁主义观点的著作和反映革命斗争、宣传共产主义精神的作品。此外，还要注意适当出版一些虽然不是马克思主义的，但是内容无害，而在学术上或艺术上有一定价值的东西。同时还要出版一些反面的参考材料，以便学术界进行研究和批判。

8月，在通俗读物编辑部的基础上，成立农村读物出版社。该社未独立前，出版行政工作由人民出版社统一办理，编辑业务受文化部出版局直接领导（1981年，农村读物出版社正式成立）。

1964年

3月13日，经中共中央批准，成立中共人民出版社委员会。王子野任党委书记。

3月26日，胡乔木在看了本社编辑吴国英写的关于普列汉诺夫著《论艺术》（没有地址的信）一书中译本编校工作的情况和经验的文章后，来信说：我非常满意地读了吴国英同志的文章，并为他的这种认真负责、不怕困难和麻烦、不盲从外国或权威的精神所深深感动。这是自力更生、奋发图强、鼓足干劲、力争上游的精神在编辑工作中的体现。很希望他的这种精神能够为所有编辑工作者在整个编辑工作中学习，更希望所有著书、编书、译书的同志们也能学习这种精神，这样，一定能够把我国出版物的质量大大提高一步，把我国出版编辑工作的水平大大提高一步。

出版《毛泽东选集》第1至4卷大字线装本和四卷合订本，《毛泽东著作选读》（甲种本）。

1965年

出版《毛泽东著作专题摘录》。

1966年

6月，"文化大革命"开始后，工作队进驻人民出版社。

10月16日，周恩来总理批复，同意本社关于出版《孙中山选集》和《宋庆龄文集》的安排意见。

出版《毛泽东选集》第1至4卷简化字横排普及本。

出版《宋庆龄选集》，周恩来总理为此书题写书名。

1 月 4 日，周恩来总理在北京工人体育场接见首都新闻、出版、文艺战线的职工和十万名外地来京的红卫兵。在这次大会上，周总理代表党中央下达了在年内再印制《毛泽东选集》第 1 至 4 卷 8000 万部的任务。由本社供型，各地分印。12 月 20 日，印制任务提前完成。

12 月 31 日，毛泽东主席接见了出席毛主席著作出版会议的人员和其他方面的代表，周总理参加了接见。本社派代表出席。

9 月，军宣队、工宣队进驻人民出版社。

出版《毛泽东选集》第 1 至 4 卷 64 开合订本。

9 月，"人民"、"农村读物"两社大部分职工下放到湖北省咸宁县文化部"五七干校"劳动，大部分业务停顿。

印出《马克思恩格斯选集》第 1 至 4 卷布面精装本（中共中央编译局编译）（未发行）。

印出《马克思恩格斯选集》第 1 至 4 卷纸面精装本（中共中央编译局编译）（未发行）。

4 月 12 日，周恩来总理接见全国出版工作座谈会部分代表。会上，周总理针对林彪等人的干扰破坏和出版工作中存在的问题，作了一系列重要指示。他特别指出要重视马列著作的出版，指示要立即重编出版四卷本《马克思恩格斯选集》和四卷本《列宁选集》。同时抓紧把马克思恩格斯的全集出齐。周总理还指示应该做好学习马列著作和毛主席著作的参考读物、少年读物、文学艺术读物等各类图书以及有参考价值的反面材料的出版工作。

1972年

成立人民出版社领导小组。陈翰伯任组长。

出版中共中央编译局重编的《马克思恩格斯选集》(第1至4卷)和《列宁选集》(第1至4卷)。

1973年

成立中共人民出版社临时委员会。王益任书记。

1975年

出版马克思著《资本论》第1至3卷和《剩余价值理论》第1至3卷(中共中央编译局译)、马克思著《剩余价值学说史》第1卷(郭大力译)(1978年出版第2、3卷)。

1976年

出版毛泽东著《论十大关系》。

1977年

4月,出版《毛泽东选集》(第5卷)。

1978年

5月,成立新的中共人民出版社临时委员会,陈茂仪任书记。

6月,国家出版局重新确认人民出版社方针任务。针对"文化大革命"后新的形势,特别强调要力求完整地、准确地宣传马克思列宁主义、毛泽东思想,要加强出版马克思主义的各科基本理论著作、基础知识读物和政治读物。保留"三联"牌号,以利于更广泛地团结著译者,繁荣著作,以及出版供内部参考的翻译书籍等。

9月,陈茂仪任人民出版社社长、总编辑。

出版马克思恩格斯著《共产党宣言》(成仿吾译)。

1979年

1月，《新华文摘》创刊（1979年、1980年刊名为《新华月报》文摘版）。

9月，曾彦修任人民出版社总编辑。人民出版社副总编辑范用兼任三联书店总经理。

出版毛泽东《同音乐工作者的谈话》。

1980年

1月，《人物》杂志创刊。

出版《斯大林选集》（上、下卷）。

出版《周恩来选集》（上卷）、《蔡和森文集》、方志敏著《我从事革命斗争的略述》。

1981年

出版《刘少奇选集》（上卷）、《六大以前——党的历史材料》、《六大以来——党内秘密文件》、《张太雷文集》。

出版《李达文集》（第1、2卷）。

1982年

本社作为文化部系统试点单位，开始进行评定编辑干部专业职称的准备工作，评定工作从1982年正式开始，1983年结束。参加评审的编辑人员共142人，授予高级职称55人（其中编审6人，副编审49人），中级职称（编辑）66人，初级职称（助理编辑）21人。

7月，中共中央批转中央宣传部、中央文献研究室《关于毛、周、刘、朱和现任中央常委著作的出版、发表及审核办法的请示报告》。《报告》规定："毛、周、刘、朱和现任中央常委的选集、文集（包括专题文集、书信集、诗词集）和个人传记、年谱，统一由中央文献研究室或中央指定的其他单位负责编辑工作，报送中央文献编辑委员会审定，交人民出版社出版"。

出版《毛泽东农村调查文集》、《彭湃文集》、《彭德怀自述》。

出版《三中全会以来重要文献汇编》。

1983年

三联书店编辑部成立。该编辑部系独立的编辑部门，其党务、出版、行政事务等，暂由人民出版社统一负责和管理。"三联"不再作为人民出版社的"副牌"（实际上，从1979年下半年起，即开始酝酿三联书店恢复独立建制的问题，为此在编辑部门专门设立了三联书店编辑室，并开始在用"三联"名义出版的书上把香港三联书店作为分店印在版权页上，以便逐步改变三联书店作为人民出版社"副牌"的地位。从1980年起，凡属于人民出版社方针任务范围内的书籍，出版时已逐步不再用"三联"的名义，而直接用"人民"的名义）。

4月，曾彦修任人民出版社社长，张惠卿任总编辑，陈茂仪任顾问。

改革领导体制，成立由全体党员选举产生的中共人民出版社机关委员会，另由上级党组织指定成员组成人民出版社领导小组对全社业务行政工作实行集体领导，并指导机关党委的工作。9月，领导小组成立，张惠卿任组长。

出版《朱德选集》、《邓小平文选》(1975—1982年)、《邓中夏文集》。

出版《〈关于建国以来党的若干历史问题的决议〉注释本》。

1984年

5月，中央宣传部出版局通知，经中宣部部务会议讨论确定了人民出版社的领导关系：人民出版社的出版选题计划送中宣部审批；个别或少数没有把握或有争议的书稿，可到中宣部商量；中宣部有关会议通知我社负责人参加；至于行政系统和党的关系，仍属文化部。这项决定，是根据胡乔木同志要求中宣部加强对人民出版社的领导的意见作出的。

7月，根据《中共中央、国务院关于加强出版工作的决定》及年初胡乔木关于人民出版社出书方针的两次谈话的精神，为使人民出版社更符合国家政治书籍出版社的方向并更集中地发挥现有编辑干部的作用，经报中宣部出版局和文化部出版局原则同意，在方针任务上作一些局部性调整。主要是：

一、加强正面教育和正面宣传。努力出好普及马克思主义基本理论和政治、经济知识的中级政治读物，出好宣传爱国主义和共产主义思想的读物和批判国内外各种错误思潮的论著。二、大量压缩参考资料和反面材料的出版。对外国以马克思主义观点撰写的有影响有代表性的哲学社会科学著作仍可继续选译，属于各种非马克思主义流派和代表一些错误思潮的论著不再选译出版，国内纯属供内部参考用的资料性的书籍，一般也不再出版。

9月24日，在北京人民大会堂举行由我国自己编辑的新版《列宁全集》出版座谈会，杨尚昆、胡乔木、邓力群、薄一波、王任重等中央领导同志参加。这部《列宁全集》是根据党中央的决定，由中央编译局编译，本社出版的。全集共60卷，约2600万字，是收载列宁文献最多的版本。本年8月开始出书，1990年出齐。

1984年10月全社职工合影

出版《毛泽东书信选集》、《陈云文选》(1926—1949年)、《陈云文选》(1949—1956年)、《恽代英文集》(上、下)、《谢觉哉日记》(上、下)。

出版《十一届三中全会以来重要文献简编》、《光辉的成就——庆祝中华人民共和国成立三十五周年文集》(上、下)。

出版胡乔木著《关于人道主义和异化问题》。

1985年

1月20日,在北京举行《祖国丛书》出版发行仪式。胡乔木、朱穆之、徐惟诚等领导同志出席,胡乔木讲了话。《祖国丛书》是一套向广大群众特别是广大青年进行爱国主义教育的大型丛书,由本社、中国青年出版社、上海人民出版社三家分工承担编辑出版工作。

6月,文化部批复,同意本社设副牌——东方出版社。该副牌的任务是根据人民出版社的出书方针和出书分工范围,出版某些不宜署用人民出版社名义的学术性著作,以及为满足中青年知识分子学习和提高需要的文化知识读物和有关工具书,同时开展合作出版,并有选择地出版国外有代表性的或有较大影响的读物。此外,可以适当出版一些作为参考资料的内部发行书籍,供有关研究单位和学者参考。

12月,参加在我国香港举办的"中国书展",参展图书486种(包括三联版186种)。

出版《遵义会议文献》、《周恩来选集》(下卷)、《周恩来统一战线文选》、《刘少奇选集》(下卷)、《董必武选集》、《李大钊文集》(上、下)、《瞿秋白选集》、《张闻天选集》。

出版《邓小平、陈云同志的六篇重要讲话》。

1986年
人民出版社
大事记

5月，为祝贺《马克思恩格斯全集》中文版五十卷全部出齐，中国马列主义毛泽东思想研究会、中共中央编译局、人民出版社和中国社会科学院马列主义毛泽东思想研究所在北京举行座谈会。全集共收入两位革命导师的2000多篇著作、4000多封书信及400多件文献资料，总字数约3200万。

本社作为试点单位，开始进行职称改革工作。至1988年分两批完成了编辑、编辑（管理）、校对、技术编辑、图书资料、会计、经济、卫生、档案等系列的专业职务评审工作，聘任高级专业职务58人（其中正高19人，副高39人），中级专业职务70人，初级专业职务56人。

出版《毛泽东著作选读》（上、下）。

出版《陈云文选》（1956—1985年）、《方志敏文集》。

1987年
人民出版社
大事记

3月，人民出版社与中央文献出版社达成出书范围分工的协议。协议规定：今后党和国家主要领导人的著作，当代党和国家的文件选编、汇编，中央及中央宣传部要求组织全党干部学习的党和国家主要领导人的专题文集，由人民出版社出版；党和国家主要领导人的专业性文集，以及仅供党内一定范围阅读的党和国家主要领导人的文稿，由中央文献出版社出版；党和国家领导人的年谱、传记，由两社共同出版。

11月，新闻出版署发出通知，重申：凡党和国家的重要文件和中央领导同志的重要文章、讲话（包括内部发行的），一律由人民出版社出版。

12月，我社与国务院法制局联合举行《中华人民共和国现行法规汇编》编辑出版工作座谈会，乔石、周谷城、黄华同志到会并讲了话。

出版《瞿秋白文集》（政治理论编第1卷）、《朱德年谱》、《中共党史大事年表》。

出版邓小平《建设有中国特色的社会主义》增订本（中共中央文献研究室编）。

1988年
人民出版社
大事记

1月，国家教委在北京举行高校优秀教材颁奖大会。本社出版的高校教材中，任继愈主编《中国哲学史》（1—4册）和翦伯赞主编《中国史纲要》（上、下）获全国高等学校优秀教材特等奖；肖前、李秀林、汪永祥主编《辩证唯物主义原理》，鲁友章、李宗正主编《经济学说史》，彭明著《五四运动史》等6种书获全国高等学校优秀教材优秀奖；刘放桐等编著《现代西方哲学》、徐禾等著《政治经济学概论》、戴逸主编《简明清史》（第1、2册），周一良和吴于廑主编《世界通史》等10种书获全国高等学校优秀教材教委一等奖，还有两种书获教委二等奖。

参加第二届北京国际图书博览会，我社参展图书有320种，并与全苏著作权代理公司、中国香港珠海出版公司等进行了合作出版的洽谈。

11月，薛德震任人民出版社社长兼总编辑。

出版《周恩来刘少奇朱德邓小平陈云著作选读》、《任弼时选集》、《陶铸文集》、《李维汉选集》。

出版《邓小平同志重要谈话》（1987年2月至7月）。

1月，改革领导体制，实行社长负责制，同时，建立社务委员会。社务委员会由全体社级行政领导干部和党委书记组成，为出版社议事机构，讨论全社业务和行政工作中的重大问题，协助社长决策。薛德震为主任委员。

4月，建立选题论证制度。将过去实行的选题个别审批，改为选题论证会集体审定，社长签批。选题论证会由社领导、有关编辑室和出版、发行部门负责人、责任编辑参加。

8月，江泽民、李瑞环、李铁映、丁关根、宋任穷、邓力群等同志在第二届全国图书展览会上，参观我社展台。

11月，在北京人民大会堂举行《王稼祥选集》首发式，王震副主席、习仲勋副委员长、王首道、朱仲丽、宋木文、王子野等出席。伍修权主持首发式。

出版《马列著作选读》4册（哲学、政治经济学、科学社会主义、马克思主义是发展的理论）。

出版《邓小平文选》（1938—1965）、《李先念文选》（1935—1985）、《李大钊文集》（续集）、《瞿秋白文集》（政治理论编第2、3卷）、《周恩来传（1898—1949）》（金冲及主编）。

出版《邓小平同志论坚持四项基本原则反对资产阶级自由化》和《邓小平同志论改革开放》（中共中央文献研究室编）、《必须旗帜鲜明地反对动乱》和《坚决拥护党中央决策坚决平息反革命暴乱》（中共中央宣传部编）。

1月，在北京举行《谢觉哉文集》出版座谈会，王震副主席在座谈会上发表讲话，伍修权、崔乃夫、王定国等先后发言。马文瑞主持座谈会。

2月，在北京举行《邓小平论党的建设》学习座谈会，中共中央政治局常委宋平，中共中央书记处书记、中央军委秘书长杨白冰在会上讲话。中央宣传部常务副部长徐惟诚主持座谈会。

3月，根据中共中央关于在部分单位进行党员重新登记工作的决定和上级党委的部署，进行了党员重新登记工作，至7月中旬结束。

5月，按照新闻出版署关于压缩整顿报刊和出版社工作的统一布置，我社在进行出版社整顿之后，经报署核准，办理了出版社重新登记注册。人民出版社登记证号：（京）001号。东方出版社登记证号：（京）018号。

9月，在北京举行《廖承志文集》首发式。邓小平同志题写了书名。中共中央政治局委员、国务院副总理吴学谦主持首发式。中央顾问委员会副主任宋任穷在会上发表讲话。刘澜涛、彭冲、严济慈、杨静仁、胡绳等出席首发式。

9月，邓小平同志为新版《毛泽东选集》题写书名。

10月，本社出版的《周恩来传（1898—1949）》（金冲及主编）获第四届全国图书"金钥匙"奖一等奖。

11月6日，本社编审林穗芳获中国出版工作者协会颁发的第二届韬奋出版奖。

在人民出版社重建40周年之际，邓小平同志和江泽民同志分别于本年10月和12月为我社题词。

1990年全社职工合影

邓小平同志的题词是："人民出版社四十年"，江泽民同志的题词是："努力宣传马列主义、毛泽东思想，繁荣社会主义出版事业。"邓颖超、李瑞环、陆定一同志分别写来贺信。

12月18日，邀请原在我社工作过、后调至外单位的部分同志作为代表，回到社里与我社全体在职职工和离退休老同志举行社庆联欢座谈会，出席座谈会的约450人。王子野、曾彦修、王益、周杰、周保昌、陈茂仪、马瑞文、金敏之、戴文葆、林穗芳等同志在会上先后发言。会后全体同志参观了"人民出版社40年社史展览"。

12月23日，在北京饭店西楼宴会厅隆重举行庆祝人民出版社重建40周年座谈会。胡乔木、邓力群、王任重、王忍之、宋木文、伍修权、张友渔、朱良、徐惟诚、薛暮桥、金冲及、宋书声、王子野等中共中央领导及学术界、出版界代表共400余人出席。新闻出版署副署长刘杲主持会议，胡乔木、王忍之、宋木文、金冲及、宋书声等在会上讲话，本社社长兼总编辑薛德震就人民出版社40年所走过的历程作了汇报。

出版《周恩来年谱》（中共中央文献研究室编）、《中国共产党历史大事记》（中共中央党史研究室编）。

出版《四项基本原则和资产阶级自由化的对立》和《动乱真相与"精英"的表演》（中共中央宣传部编）。

3月，我社通过中国书法家协会邀请书法家启功、沈鹏、康殷、孙轶青、谢冰岩等在北京市政协会议厅座谈，就我社拟出版《老一辈革命家手迹选》的编选宗旨、范围等征求意见。中共中央文献研究室何静修、刘武生，中央档案馆王明哲、井家卓、张景堂参加了座谈。社长兼总编辑薛德震、副社长兼副总编辑庄浦明主持座谈会。

朝阳区八里庄南里宿舍楼进住工作完成，本社60多户职工迁入新居。新楼的建成，使本社职工住房紧张状况有所缓解。

4月，新闻出版署发出《关于出版党代会、党中央全会和全国人代会文件及学习辅导材料的暂行规定》，重申："党的代表大会、党中央全会和全国人民代表大会文件只能由人民出版社出版。"《暂行规定》还就这些文件的学习辅导材料的出版问题重申了过去的有关规定，并作了补充规定。

4月26日，由中共中央宣传部和新闻出版署联合召开的庆祝《列宁全集》中文

第二版 60 卷出版发行座谈会，在首都人民大会堂举行。李瑞环、丁关根、薄一波、胡乔木、邓力群及首都理论界 200 多人出席。

《列宁全集》中文第二版 60 卷，从 1984 年开始出书，至 1990 年年底已经全部出版。

6 月，为纪念中国共产党成立 70 周年，我社出版的《浩然正气》、《光辉的历程——中国共产党七十年历史图集》首发式在中国革命博物馆举行，薄一波、杨成武、余秋里等领导同志出席，薄一波在会上讲话。

新闻出版署通知，任命马瑞文为人民出版社副社长（兼），张树相为副总编辑（兼），张作耀为副总编辑。

7月，根据中共中央的决定，中共中央文献编辑委员会修订的《毛泽东选集》第二版（第1—4卷），在中国共产党建立70周年前夕由我社出版，在全国新华书店发行。

邓小平同志为《毛泽东选集》第二版题写书名。

截至本年年底，《毛泽东选集》第二版（第1—4卷）全国共印行1193.8万套。

11月，经新闻出版署推荐，我社林穗芳、白以坦被人事部授予"国家有突出贡献的专家学者"称号，自1991年7月起享受政府特殊津贴。

12月，新闻出版署发出《关于贯彻执行国务院〈法规汇编编辑出版管理规定〉的通知》。其中规定："由全国人民代表大会常务委员会法制工作委员会编辑的法律汇编由人民出版社出版"。

1月，社长决定，副总编辑张作耀兼任《新华月报》主编。

1月至2月，本社被新闻出版署和北京市分别评为1991年度"新闻出版署文明单位"和"首都文明单位"。

4月，中共新闻出版署党组通知：中共人民出版社党组由薛德震、吴道弘、马瑞文、张树相、刘继文、张作耀六同志组成。经中共中央宣传部批准，薛德震任党组书记。据此，本社在继续实行社长负责制的同时，开始进行党组领导的试点。

6月3日，本社党委会进行换届选举。12日，中共新闻出版署党组通知，本社新一届党委由马瑞文等9人组成，马瑞文任书记，刘继文、刘建国任副书记；新一届纪委由张作耀等4人组成，张作耀任书记，刘建国兼任副书记。

新闻出版署批复，同意本社社务委员会由薛德震、张树相、吴道弘、马瑞文、刘继文、张作耀、张惠卿、马连儒、陈有和、田士章、杨寿松11人组成，薛德震为社委会主任，张树相为副主任。

6月30日，新闻出版署通知，批准本社1992年1月1日至1995年12月31日实行目标管理责任制。指出：实行目标管理责任制的基本要求是，以提高书刊质量为中心，抓好重点图书和优秀图书的出版，争取"八五"期间在出书质量、技术进步、队伍建设、经济实力上迈上一个新台阶。并对实行目标管理的社会效益指标和经济效益指标、奖惩规定、税后留利各项基金的提取比例等作了具体规定。

　　10月，根据胡乔木同志的倡议，经新闻出版署批准，由我社编辑、出版的《学习》月刊创刊，张作耀任主编。

　　11月，新闻出版署通知，任命田士章为人民出版社副社长，马连儒为副总编辑。

　　12月，本社出版的《邓小平的思想研究》、《毛泽东交往录》和《毛泽东思想研究的新起点》分别获第六届全国图书"金钥匙"奖一、二、三等奖。

　　新闻出版署在北京召开全国新闻出版系统先进集体和先进工作者表彰大会。本社被新闻出版署和人事部评为"全国新闻出版系统先进单位"。

　　为适应改革开放的需要，充分发挥离退休人员的才智和力量，经社党组批准，本社离退休老同志成立东方出版服务公司。主要经营：图书编辑加工、翻译校订、装帧设计、出版发行、信息咨询。

　　本社出版的《毛泽东选集》第二版（第1—4卷）在新闻出版署直属出版社优秀图书评奖活动中，获校对一等奖；《世界七千年大事总览》获设计二等奖。

　　本社老干部集体，在全国重视老年工作领导者功勋奖、老有所为先进集体创新奖评选活动中，荣获"老有所为先进集体创新奖"荣誉称号。

　　本社出版的《有无之境》获第六届中国图书奖二等奖。

1月，社长决定，副总编辑马连儒兼任《学习》杂志主编。

新闻出版署通知，根据人事部的通知，批准自 1992 年 10 月起张惠卿、薛德震、吴道弘、邓蜀生、曾彦修、陈茂仪、尤开元、陈允豪、张作耀、钱月华、智福和享受政府特殊津贴。

3月至5月，本社先后被新闻出版署、中央国家机关和北京市评为 1992 年度"新闻出版署文明单位"、"中央国家机关文明单位"和"首都文明单位"（本社第一次在一年中同时获得此三项文明称号）。

5月，本社副总编辑（编审）吴道弘获中国出版工作者协会、中国韬奋基金会颁发的第三届韬奋出版奖。

新闻出版署新任署长于友先在副署长刘杲、图书司司长杨牧之陪同下视察我社。社长兼总编辑薛德震汇报工作，社委会成员出席汇报会。

本社激光照排机房建成并投入试运行。机房面积近 70 平方米，配置北大方正八开精密照排系统一套，编辑机四台，录入机四台，自动软件冲洗机一台。整套设备可以完成从录入到出软片的全部排版工序，基本上能满足本社图书排版的需要。

10月18日，中共中央宣传部、新闻出版署联名发出《关于表彰人民出版社等 15 家出版单位的决定》。《决定》指出："长期以来，这15家图书出版单位在坚持以邓小平同志建设有中国特色社会主义的理论为指针，坚持党的'一个中心，两个基本点'的基本路线，坚持为人民服务，为社会主义服务的方向上，作出了不懈的努力，取得了显著的成绩。尤为突出的是，他们重视在精神产品的生产中把社会效益放在首位，力求经济效益同社会效益的统一，在出版工作中积累了可喜的经验。"

本社出版的《海外经济管理运作丛书》，在第七届中国图书奖评选中获中国图书奖。

11月2日，《邓小平文选》第3卷由本社出版并在全国新华书店发行。《邓小平文选》第3卷收入邓小平同志1982年9月至1992年2月间的重要著作，共119篇。

本社出版的《毛泽东军事生涯》大型画册出版发行座谈会在北京举行。

12月，中共中央军委在北京人民大会堂举行《朱德传》出版、发行暨纪念朱德诞辰107周年座谈会，党和国家领导人江泽民、李鹏、朱镕基等出席座谈会。

为纪念毛泽东诞辰100周年，本社出版了《毛泽东文集》、《毛泽东年谱》并在全国新华书店发行。

1994年

1月，《新华文摘》编辑部在北京举行"新华文摘杂志创刊15周年纪念会"。

1月15日，新闻出版署召开《邓小平文选》第3卷出版工作总结表彰大会，表彰人民出版社在《邓小平文选》第3卷出版工作中作出的优异成绩。

新闻出版署根据人事部的通知，批准本社谢云、谭吐、张作耀、姚洛、杨柏如、寇天德、徐秉让、金敏之、刘元彦、张光璐、庄浦明、刘继文、马瑞文、马连儒、田士章、韩忠本自1993年起享受政府特殊津贴。

选举产生了由9名委员组成的人民出版社工会委员会。田士章任工会主席，刘建国任副主席。

3月至5月，本社先后被新闻出版署、中央国家机关和北京市评为1993年度"新闻出版署文明单位"、"中央国家机关文明单位"和"首都文明单位"（本社第二次在一年中获此三项文明称号）。

4月，本社出版的《邓小平思想论》、《宋庆龄——二十世纪的伟大女性》获第七届全国"金钥匙"图书奖一等奖；《十四大报告辅导读本》、"海外经济管理运作丛书"（20本）获第七届全国"金钥匙"图书奖优胜奖。

7月，中国共产党人民出版社委员会被中共新闻出版署机关委员会和中共中央国家机关工作委员会分别评为"先进基层党组织"。

11月，《邓小平文选》（第二版）第1、2卷由本社出版并在全国新华书店发行。

本社与北京大学联合开发制作电子版《邓小平文选》第1—3卷合订本。

本社出版的《邓颖超传》（金凤著）获第八届中国图书奖。

12月，本社方鸣、乔还田荣获中国出版工作者协会、中国编辑学会颁发的"首届全国优秀中青年（图书）编辑奖"。

在毛泽东同志诞辰101周年之际，我社出版了《胡乔木回忆毛泽东》、《胡乔木文集》第3卷。

人民出版社
大事记
1995年

2月至5月，本社先后被新闻出版署、中央国家机关和北京市评为1994年度"新闻出版署文明单位"、"中央国家机关文明单位"和"首都文明单位"（本社第三次在一年中获此三项文明称号）。

3月，新闻出版署通知，署党组研究决定，田士章改任人民出版社副总编辑。

6月，在纪念陈云同志诞辰90周年之际，本社出版《陈云文选》第1—3卷。

7月7日，社党委、纪委进行了换届选举。新一届党委由马瑞文等9人组成，马瑞文任书记；新一届纪委由张树相等4人组成，张树相任书记。

9月，本社人民版图书《朱德传》、《胡乔木回忆毛泽东》，东方版图书《城市季风》、《中外法庭论辩选萃》、《中外奇辩艺术拾贝》被中国书刊发行业协会评为社科类1995年第八批全国优秀畅销书。

在革命导师恩格斯逝世100周年之际，由中央编译局自行编译的《马克思恩格斯全集》中文第二版和《马克思恩格斯选集》中文第二版、《列宁选集》中文第三版，由本社出版。

12月，本社人民版图书《中国通史》获第二届国家图书奖。

本社出版的《胡乔木回忆毛泽东》一书，获国家图书奖，并荣获新闻出版署第九届中国图书奖。

1996年

2月，本社出版江泽民《领导干部一定要讲政治》单行本。

2月至5月，本社先后被新闻出版署、中央国家机关和北京市评为1995年度"新闻出版署文明单位"、"中央国家机关文明单位"和"首都文明单位"（本社第四次在一年中获此三项文明称号）。

3月，本社经北京市朝阳区工商行政管理局批准，在北京图书批发交易市场成立"人民出版社金台路经营部"。

4月，本社东方版图书《城市季风》一书，在第八届全国图书"金钥匙"奖评选活动中，荣获优胜奖。

本社出版的《一个真正的人——彭德怀》一书，获第八届全国图书"金钥匙"奖二等奖。

8月，为纪念邓子恢同志诞辰100周年，深切缅怀邓子恢同志光辉业绩和崇高品德，本社出版《邓子恢文集》、《邓子恢传》、《回忆邓子恢》。

9月，本社出版由中共中央文献研究室编辑的《毛泽东文集》第3至5卷。

10月，在中国工农红军长征胜利60周年之际，本社出版发行了《长征·世纪丰碑》纪念光盘。

11月，本社王乃庄荣获中国出版工作者协会、中国编辑学会颁发的"第二届全国优秀中青年（图书）编辑奖"。

12月，本社出版的《流通经济学》、《大地风景》获中国图书评论学会颁发的第十届中国图书奖。

本社副社长兼副总编辑张树相经首届全国百佳出版工作者评奖委员会评定，被授予"首届全国百佳出版工作者"称号。

1月30日，中共中央政治局委员、国务委员李铁映在国务院副秘书长刘奇葆、中宣部副部长龚心瀚、新闻出版署署长于友先、副署长于永湛、财政部副部长谢旭人以及全体社领导的陪同下，视察了本社。

2月，本社出版《邓小平经济理论学习纲要》一书，江泽民同志为该书写了"坚持把邓小平建设有中国特色社会主义理论的学习引向深入"的序言。

3月，为了表达全党全军全国各族人民对敬爱的邓小平同志的无比崇敬和沉痛悼念之情，本社编辑出版了《敬爱的邓小平同志永远活在我们心中》一书。

4月，新闻出版署召开"第三届新闻出版署直属出版社图书颁奖大会"。本社《马克思恩格斯全集》第一卷（第二版）荣获优秀图书编辑奖一等奖，《中国农村百科全书》、《西域文明——考古、民族、语言和宗教新论》以及《一个真正的人——彭德怀》荣获优秀图书编辑奖二等奖，《说服学——攻心的学问》荣获优秀图书选题二等奖，《陈云文选》（1—3卷）、《万里文选》荣获校对一等奖，《把酒品珍丛书》、《世界美术邮票鉴赏大图典（雕塑）》荣获设计二等奖。

4月至5月，本社先后被新闻出版署、中央国家机关和北京市评为1996年度"新闻出版署文明

单位"、"中央国家机关文明单位"和"首都文明单位"（本社第五次在一年中荣获此三项文明称号）。

6月，本社贯彻新闻出版署期刊改革部署，对社属三个期刊实行了改革，《新华文摘》、《新华月报》和《人物》杂志编辑部分别同本社签订协议，实行"二级核算、包定基数、超额分成"的目标管理方案。

9月，中共中央宣传部精神文明建设"五个一工程"第六届评选揭晓，本社出版的《马克思主义史》一书，获"入选作品奖"二等奖。

本社出版的《中国政治制度通史》获国家图书奖正式奖，《马克思主义史》获国家图书奖提名奖。

9月17日，本社工会成立"北京人民东方图书销售中心"。

为了迎接十五大，学习十五大，宣传十五大，贯彻十五大，本社出版了十五大报告单行本、《中国共产党章程》、《中国共产党第十五次全国代表大会文件汇编》、《毛泽东邓小平江泽民论世界观人生观价值观》、《光辉的旗帜实践的指南》、《十五大报告辅导读本》、《党章和党的建设读本》。

1998年

1月，本社被人事部、新闻出版署评为"全国新闻出版系统先进集体"。

2月16日，本社成立"北京人民东方电子出版中心"。

2月19日，为了纪念敬爱的邓小平同志逝世一周年，本社出版了由江泽民总书记题写书名的《邓小平文选》典藏本。

3月至5月，本社先后被新闻出版署、中央国家机关和北京市评为1997年度"新闻出版署文明单位"、"中央国家机关文明单位"和"首都文明单位"（本社第六次在一年中荣获此三项文明称号）。

7月8日，新闻出版署发出《关于调整人民出版社行政领导班子的通知》，署党组5月14日决定：任命李长征为社长，薛德震为总编辑，马瑞文为副社长，张树相为副社长、副总编辑，田士章为副总编辑，韩舞凤为副总编辑，王乃庄为副总编辑，陈有和为副社长。

新闻出版署发出《关于调整人民出版社党组织领导体制和核心制党委的通知》，署党组5月14日决定：人民出版社不再设置党组，原党组成员职务自然免除；建立起政治核心作用的党委会，党委委员为李长征、薛德震、马瑞文、张树相、韩舞凤、王乃庄、陈有和，李长征任党委书记，薛德震、马瑞文任党委副书记。

8月至9月，为配合全国抗洪斗争，本社出版了《夺取抗洪抢险决战的最后胜利》、《众志成城抗洪图》和《发扬抗洪精神重建家园发展经济》三本书，在全国各地公开发行。

9月，本社年内出版中共中央编译局编译的新版《马克思恩格斯全集》第10、12、13、31、32卷，连同1995年出版的三卷已共出版八卷。

刘丽华荣获中国出版工作者协会、中国编辑学会颁发的"第三届全国优秀中青年（图书）编辑奖"。

11月，本社参加新闻出版署主办的"直属出版社第四届优秀图书奖评比"，人民版《历史不再徘徊——人民公社在中国的兴起和失败》、东方版《守望的距离》两书获"选题奖二等奖"；人民版《魏忠贤传》获"编辑奖一等奖"；东方版《清代公羊学》获"编辑奖二等奖"；人民版《回忆邓子恢》、

东方版《早期澳门史》两书获"设计奖二等奖";人民版《中华人民共和国第八届全国人民代表大会第四次会议文件汇编》获"校对奖一等奖";人民版《毛泽东邓小平江泽民论世界观人生观价值观》获"校对奖二等奖"。

12月,为纪念毛泽东同志诞辰105周年,本社出版了《毛泽东选集》典藏本。

本社出版的《中国经济增长方式变革》获中国图书奖评委会颁发的第十一届中国图书奖。

1月,《新华文摘》创刊二十周年暨大字本首发式在京举行。

5月,《廖承志传》出版并在人民大会堂举行座谈会。

6月,《毛泽东文集》第6、7、8卷出版,该书全部出齐。

8月,本社先后被新闻出版署、中央国家机关和北京市评为1998年度"新闻出版署文明单位"、"中央国家机关文明单位"和"首都文明单位"(本社第七次在一年中荣获此三项文明称号)。

8月26日,根据《人民出版社改革、发展总体思路和1999—2000年实施要点》的精神,经1999年8月26日社委会研究决定,成立"人民出版社编辑委员会"和"人民出版社经营管理委员会"。

9月,本社出版的《胡绳全书》(6卷)荣获新闻出版署颁发的第四届国家图书奖;《心灵超越与

境界》荣获第四届国家图书奖提名奖。

11 月 16 日，本社举行座谈会纪念《新华月报》创刊 50 周年。

12 月，《乔木文丛》出版并在人民大会堂召开出版座谈会。

本社《宗周社会与礼乐文明》、《中国近代经济史（1840—1894）》两书荣获中国社会科学院颁发的"首届郭沫若中国历史学奖二等奖"，《明清土地契约文书研究》、《沙俄侵华史》、《中国资本主义发展史》三书荣获中国社会科学院颁发的"首届郭沫若中国历史学奖三等奖"，《中国通史》、《宋明理学史》两书荣获中国社会科学院颁发的"首届郭沫若中国历史学奖荣誉奖"。

2000年

1 月 23 日，由新闻出版署和科技部组织的"首届国家期刊奖、首届国家音像制品奖和第二届全国百种期刊奖"颁奖大会在北京举行。《新华文摘》获"首届国家期刊奖"和"第二届全国百种重点社科期刊奖"。

8 月 16 日，李鹏委员长为人民出版社重建五十周年题词："坚持先进的文化方向　庆祝人民出版社五十周年。"

9 月，《张爱萍传》获第二届"苹花杯"中国优秀传记文学作品奖。

10 月 23 日至 25 日，召开社党委、社委会联席会议，学习贯彻十五届五中全会精神，研究本社深化改革的一系列问题，在调整精简管理机构、转岗分流和完善考核制度、改革人事分配制度等方面统一了思想，并决定成立社改革工作小组。

12月15日、18日，在人民出版社重建50周年之际，薄一波、邓力群、王光英、彭珮云、许嘉璐、逄先知、季羡林、顾锦屏、蔡美彪、庄福龄、丁关根分别发来贺信。

12月18日，在人民大会堂浙江厅隆重举行庆祝人民出版社重建50周年座谈会。许嘉璐、邓力群等党和国家领导人，中宣部、中央编译局、新闻出版署有关部门领导同志及著名学者等100多人出席。副社长陈有和就人民出版社重建以来走过的历程作了汇报。为庆祝本社重建50周年，本社编印《人民出版社50年大事记（1950—2000）》、《人

人民出版社成立50周年座谈会

《毛泽东文集》研究座谈会

民出版社50年》画册，还通过北京市东区邮局发行了纪念明信片一套（5张）。

12月25日，在毛泽东同志诞辰107周年前夕，中共中央文献研究室、人民出版社、中共中央办公厅毛主席纪念堂管理局联合举行《毛泽东文集》研究座谈会。《毛泽东文集》于1993年11月开始出版，至1999年7月1日出齐，历时五年半。

12月30日，东方版图书《中国百年风云》（12卷）在人民大会堂举行首发式。该书全面反映了中国20世纪的沧桑巨变，生动展示了中华民族觉醒、抗争、奋起和前进的光辉历程。

12月，人民版图书《邓小平理论研究书系》、《京剧与中国文化》荣获第十二届中国图书奖。

2001年

4月，新闻出版总署直属出版社第五届优秀图书奖评选揭晓，本社出版的《马克思主义经典著作选读》获优秀选题奖一等奖；《追寻逝去的音乐踪迹——图说中国音乐史》、《京剧与中国文化》获优秀选题奖二等奖；《先秦叙事研究——关于中国叙事传统的形成》、《唯物论无神论教育读本》获优秀编辑奖二等奖；《追寻逝去的音乐踪迹——图说中国音乐史》获优秀设计奖二等奖；《中华人民共和国第九届全国人民代表大会第二次会议文件汇编》、《十四大以来重要文献选编》获优秀校对奖一等奖。

6月27日，为庆祝中国共产党建党80周年，本社参加了新闻出版总署组织的"庆祝建党80周年演唱会"，表演了历史歌曲《农友歌》和《工农兵联合起来》，获新闻出版总署直属机关党委颁发的"庆祝建党80周年演唱会一等奖"和"庆祝建党80周年活动组织奖"。

8月25日，马列·国际编辑室主任郇中建荣获中国出版工作者协会、中国编辑学会颁发的"第四届全国优秀中青年（图书）编辑奖"。

11月，第五届国家图书奖在京颁奖，本社出版的《乔木文丛》荣获第五届国家图书奖社科类图书奖。

11月，本社编审尤开元，获第七届中国韬奋出版奖。

12月，本社出版的《世界通史》被中国书刊发行业协会评为2001年度"全国优秀畅销书社科类排行榜第十名"，《毛泽东武略》、《领导干部信息网络化知识读本》被评为"全国优秀畅销书"。

2002年

4月9日，为深化改革、加快发展，适应加入世贸组织的需要，成立"中国出版集团"。中国出版集团由人民出版社、人民文学出版社、商务印书馆、中华书局、中国大百科全书出版社、中国美术出版总社、人民音乐出版社、三联书店、上海东方出版中心、中国对外翻译出版公司、新华书店总店、中国出版对外贸易总公司、中国图书进出口（集团）总公司13家企事业单位组建，并于4月9日在人民大会堂召开了成立挂牌大会。

4月16日，经中央批准，首批全国干部培训教材由我社出版发行。中共中央总书记江泽民为教材撰写了《序言》，中组部、中宣部联合下发了《关于认真贯彻江泽民同志〈序言〉精神　组织广大干部学习首批全国干部培训教材的通知》。

5月，人民出版社在中国出版科学研究所根据新闻出版总署批准进行的《第二届全国国民阅读与购买倾向抽样调查（2002）数据统计》中，被认定为全国"读者最喜爱的八家出版社"之一。

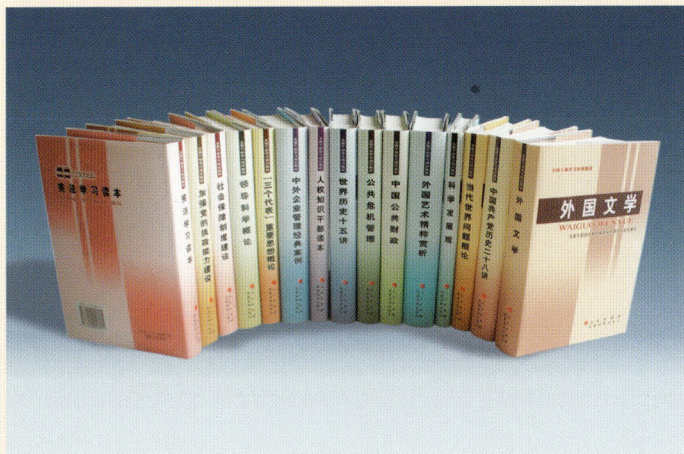

9月10日，经中国出版集团党组研究并报中共中央宣传部批准，决定对人民出版社领导班子进行调整。调安徽省出版局副局长黄书元来人民出版社主持全面工作，人民出版社新一届班子由黄书元、张胜彬、韩舞凤、陈有和组成。

11月18日，江泽民同志2002年11月8日在中国共产党第十六次全国代表大会上的报告《全面建设小康社会，开创中国特色社会主义事业新局面》单行本已由人民出版社出版，即日起在全国新华书店陆续发行。

11月28日，中国出版集团下发《关于黄书元任职的通知》："经中国出版集团党组研究，中央宣传部2002年11月18日批准，黄书元任人民出版社社长。"

中国出版集团党组下发《关于黄书元同志任职的通知》："经中国出版集团党组研究，中央宣传部2002年11月18日批准，黄书元同志任人民出版社党委书记。"

中国出版集团下发《关于同意黄书元任人民出版社出版编辑专业技术职务评审委员会主任的批复》："经研究，同意黄书元任人民出版社出版编辑专业技术职务评审委员会主任，李长征不再担任人民出版社出版编辑专业技术职务评审委员会主任职务。"

12月，我社出版的《中国加入世界贸易组织知识读本（一）》荣获中国图书奖评委会颁发的"第十三届中国图书奖"。

2003年

1月10日，新闻出版总署下发《关于新闻出版总署部分直属单位划归中国出版集团管理的通知》，本社由新闻出版总署划归中国出版集团管理。

1月17日，《新华文摘》荣获新闻出版总署颁发的"第二届国家期刊奖"。

5月29日，根据中国出版集团信息化建设的要求，本社加快了信息化建设的步伐，各部门加快工作进程，信息化建设取得较大成果，内部局域网（http://www.peopleph.com）和外部网（http://www.peoplepress.net）先后投入试运行，人民出版社日常工作管理，开始进入网络化管理时代。

7月23日，经社改革领导小组研究决定，社长批准，成立东方编辑室；将经济编辑室更名为经济综合编辑室。

9月16日，本社人民版图书《中国出版史话》获中国出版工作者协会、国际出版促进委员会、中国出版科学研究所、出版参考杂志社颁发的2002年"输出版优秀图书奖"；东方版图书《生态经济——有利于地球的经济构想》和《第五项修炼·实践篇——创建学习型组织的战略和方法》获

2002 年"引进版优秀图书奖"。

10 月 15 日，中国出版集团召开"首届中国出版集团图书奖"颁奖大会。本社图书所获奖项有：《美国通史（1—6）》、《哲学全书·第一部分·逻辑学》获中国出版集团图书奖；《中国加入世贸组织知识读本（一）》获中国出版集团图书奖·荣誉奖；《"三个代表"重要思想研究》、《生态经济：有利于地球的经济构想》获中国出版集团图书奖·优秀选题奖；《十六大报告辅导读本》、《叶利钦时代》获中国出版集团图书奖·优秀编辑奖；《十六大报告辅导读本》、《中国共产党第十六次全国代表大会文件汇编》获中国出版集团图书奖·优秀校对奖；《中国寿山石文化》获中国出版集团图书奖·优秀印制奖。

10 月 15 日，社委会研究决定，社长批准，成立新华文摘杂志社。

10 月，李春生荣获中国出版工作者协会、中国编辑学会颁发的"第五届全国优秀中青年（图书）编辑奖。

12 月 25 日，第六届国家图书奖颁奖大会在京举行，本社《SARS：考核中国》作为抗击"非典"图书获得第六届国家图书奖特别奖。

12 月 27 日，本社在"云南省第三届读书节暨向边疆地震灾区、民族贫困地区捐书助学活动"中，向云南边疆地震灾区、民族贫困地区的学校和文化站捐赠了大量图书助学解困，为灾区青少年奉献出本社职工的一片爱心，为西部地区的发展贡献了力量。

2004年

人民出版社
大事记

1月，为适应时代发展和满足广大读者日益提高的阅读需求，在广泛听取读者意见和充分调查论证的基础上，人民出版社决定对《人物》杂志进行改版。改版后的《人物》杂志在保持原办刊宗旨和基础内容不变的基础上，将为读者提供更丰富的人物资讯、更生动的人物报道、更精美的人物图片、更周到的发行服务，在印制形式上也由原来的 32 开黑白印刷变为大 16 开 80 面全彩印刷。

1月29日，中国出版集团任命张小平为人民出版社副总编辑、任超为人民出版社副社长。

5月12日，经社委会研究决定，社长批准，成立人民出版社法律编辑室。

6月3日，根据中国出版集团党组的工作部署，本社从此时起至年底，在全社范围内开展"三项学习教育"（即："三个代表"重要思想、马克思主义新闻出版观、职业精神职业道德）活动。

7月12日，本社依据新闻出版总署文件《关于同意人民出版社、三联书店增加音像出版权的批复》，成立"东方音像电子出版社"。

8月7日，在邓小平诞辰 100 周年之际，本社出版了《邓小平理论发展史论纲》一书，并在北京京西宾馆召开了座谈会。

11月28日，本社与新华书店首都发行所共同合办了《北京图书信息报》纪念专刊，表达了祝愿人民出版社和首都发行所携手发展，共创辉煌的心愿。

12月，《中国航天员飞天纪实》获第十四届中国图书奖。

12月29日，《新华文摘》荣获首届"中国出版集团期刊奖"之"优秀栏目设计奖"。经第五届全国百佳出版工作者评选委员会评定，授予黄书元同志"全国百佳出版工作者"称号，并颁发荣誉证书和奖牌。

1月17日，《新华文摘》荣获新闻出版总署颁发的"第三届国家期刊奖提名奖"证书与奖杯。

4月30日，依据北京市的政策规定和中国出版集团的具体要求，本社在职职工和退休职工从2005年5月1日起，正式进入北京市基本医疗保险和补充医疗保障体系，本社参保人员就医看病和医药费报销将按医疗保险政策规定执行。

5月18日，第15届全国书市在天津国际展览馆开幕。本社300多种图书参展，重点图书有：为纪念世界反法西斯战争胜利60周年推出的《战争文学经典重读系列》、《历史的瞬间》；红色档案系列之《伟大的道路》、《西行漫记》、《漫长的革命》；纪念陈云诞辰100周年的《一代伟人陈云》、《晚年陈云》等图书。

6月1日，人民出版社、北京京师弘博科技有限公司、武汉弘博集团有限公司和四川新华文轩

连锁股份有限公司本着优势互补、互惠互利、共同发展的原则，共同投资重组人民出版社教育出版中心。

6月11日，为纪念陈云同志诞辰100周年，在人民大会堂举行《一代伟人陈云》出版座谈会。

6月，本社副社长任超被授予中直机关"优秀党员"称号。

12月6日，本社在京东宾馆（原总参第一招待所）召开全社职工"人民出版社重建55周年大会"。黄书元社长在大会上作了《继往开来　再创佳绩》的讲话。

12月，本社出版的《B模式：拯救地球　延续文明》一书，获国家图书馆颁发的2005年度"国家图书馆文津图书奖"。

2006年

1月4日—5日，在北京礼士宾馆召开《黑格尔全集》（20卷本）翻译出版工作会议。与会专家们就《黑格尔全集》翻译、出版的意义、特点，以及翻译工作中的细节问题进行了深入交流和商讨，并达成了书面意见。《黑格尔全集》20卷计划用五年时间，分两批出版。

3月23日，社委会研究决定，社长批准，增设信息部，负责社内所有网络、数字资源及相关信息服务等管理工作。

5月11日，人民出版社正式划归新闻出版总署直接管理。划归交接仪式在人民出版社四楼会议室举行，中共中央宣传部李东生副部长出席了交接仪式。新闻出版总署副署长石峰主持交接仪式并宣布了中共中央宣传部文件《关于重新明确人民出版社主管部门的函》，即人民出版社划归新闻出版总署管理的决定。

5月19日，2005年度第二届中国出版集团图书评奖结果揭晓，本社《道家与中国哲学》、《中国学术通史》、《柏拉图全集》荣获第二届中国出版集团图书奖；《宋庆龄书信集（续集）》荣获第二届中国出版集团图书奖·优秀编辑奖;《周氏三兄弟》荣获第二届中国出版集团图书奖·优秀选题奖;《SARS：考核中国》荣获第二届中国出版集团图书奖·荣誉奖;《马克思恩格斯全集》(第47卷)荣获第二届中国出版集团图书奖·优秀印制奖;《中华人民共和国第十届全国人民代表大会第一、二、三次会议文件汇编》荣获第二届中国出版集团图书奖·优秀校对奖。

6月30日，在新闻出版总署纪念建党85周年"党在我心中"歌咏大赛中，本社参赛的大合唱《唱支山歌给党听》、《好运来》荣获一等奖。

8月10日，由本社出版的《江泽民文选》(1—3卷)，即日起在全国发行。《江泽民文选》共120万字。有特精、普精、大32开、小32开四种版本。

8月24日，中共中央政治局委员、书记处书记、宣传部部长刘云山以及新闻出版总署署长龙新民，国家发展和改革委员会副主任张茅，国家财政部部长助理张少春等领导到人民出版社视察、指导工作，刘云山发表了重要讲话。

8月30日，本社出版的《新编中国哲学史》在2005年度输出版与引进版优秀图书评选活动中，荣获中国出版工作者协会、国际合作出版促进委员会、中国出版科学研究所、《出版参考》杂志社联合颁发的2005年度"输出版优秀图书奖"。

10月20日，在中共中央党校召开《艾思奇全书》(1—8卷)出版发行座谈会。座谈会由中共中央党校副校长王伟光主持，中共中央党校常务副校长苏荣、副校长李君如及邢贲思、韩树英、汝信、肖前、薛德震、黄楠森、方国根等出席，本社副总编辑张小平作了题为《哲人丰碑，精神永存》的发言。

12月6日，总署党组任命沈水荣为我社社委会成员、纪委书记(副局级)。

12月，本社被国家人事部和新闻出版总署授予"全国新闻出版系统先进集体"称号。本社获得由新华书店总店信息中心颁发的"优秀团队协作奖"。

2007年

1月12日，社委会研究决定，任命陈亚明为总编辑助理、李春生为社长助理。

1月18日，为了全面加强本社出版物的质量管理，积极响应新闻出版总署出版物质量管理年的倡导，社委会研究决定，社长批准，将审读室更名为出版物质量管理处。

1月26日，人民出版网(www.peoplepress.net)开通。人民出版网是人民出版社的对外宣传网站，通过网络平台实时发布最新的出版物相关信息以及出版社的最新动态。

3月10日，本社出版的《一位韩国出版家的中国之旅》一书获得第十三届APPA图书奖金奖。

7月23日，新闻出版总署《关于同意人民出版社投资设立人民书店的批复》同意本社以货币资金10万元对外投资成立浙江人民书店有限公司。

9月5日，本社出版的《大巴山的呼唤》一书，在中共中央宣传部第十届精神文明建设"五个一工程"奖评选中，获文艺类图书"入选作品奖"、"五个一工程"入选图书奖。

10月9日，在新闻出版总署办公厅文件《关于人民出版社公益性出版事业单位性质的说明函》中，对本社的属性作了特别说明，指出：由于社会和历史的原因，人民出版社的归属曾发生过变化，但其作为党和国家公益性出版事业单位的性质一直没有改变。根据《中共中央国务院关于深化文化体制改革的若干意见》、党的十六大工作报告及《国家"十一五"时期文化发展规划纲要》等关于文化建设和文化发展体制改革的诸多文件规定，人民出版社均属于应由国家重点扶持的公益性出版事业单位。

10月12日，在党的十七大召开前夕和《江泽民文选》出版发行一周年之际，本社向大学、部队和街道赠送《〈江泽民文选〉成语典故》和《十六大以来党的理论创新研究丛书》等精品著作的活动，在北京大学百年讲堂举行。

2008年

1月12日，由本社出版的《光影往事》丛书新书发布会在北京798艺术区菊香书屋举行。新闻出版总署署长柳斌杰到会并讲话，他指出，《光影往事》丛书的出版传承了红色革命文化，希望通过这套书的出版，唤起更多人对红色革命文化的关注，给人民群众留下更多、更好的精神食粮。

2月27日，首届中国出版政府奖颁奖典礼在京举行，本社出版的《艾思奇全书》（共8卷）获首届中国出版政府奖图书奖，《中国学术通史》（共6卷）获首届中国出版政府奖图书提名奖。

3月，本社党委书记、社长黄书元同志当选为第十一届全国政协委员。

3月10日，新闻出版总署《关于公布2007年全国新闻出版行业领军人才遴选结果的通知》公布2007年全国新闻出版行业领军人才名单和总署直接联系中青年专家名单。本社社长黄书元、马

列·国际编辑室主任郇中建、历史编辑室主任乔还田被评为 2007 年全国新闻出版行业领军人才。在领军人才遴选的基础上，黄社长还被确定为 2007 年新闻出版总署直接联系的中青年专家。

3 月 12 日，由新闻出版总署党组书记、署长、国家版权局局长柳斌杰带队，总署党组成员一行亲临本社进行工作调研。柳署长一行首先听取了黄书元社长代表领导班子成员关于今年工作思路和计划的汇报。随后，总署各位领导分别发表了讲话。

4 月 15 日，社委会研究决定，同意创办新华文摘网和《新华文摘》海外版。

5 月 12 日，我国四川省汶川县等地区遭受 8.0 级的严重地震灾害，5 月 20 日，本社捐款一百万元，中华人民共和国民政部为本社颁发捐赠证书。

7 月 1 日，由新闻出版总署主管、本社承建的"中国共产党思想理论资源数据库与传播工程"正式启动。这是由国家财政投资 1000 万元支持建设的重点数字出版工程项目，将以马克思主义中国化的历史进程为线索，把本社建社以来所出版的总数约 36 亿字的一整套马克思主义思想理论图书资源进行数字化处理，并免费向社会提供公益性传播。

12 月，中国出版工作者协会、中国书刊发行行业协会授予本社 2007—2008 年度"诚信经营优质服务"出版单位。

本社荣获中国书业首届（2008 年度）"企业公民奖"。

中国共产党思想理论资源数据库与传播工程签约仪式

1月，本社和学习出版社共同出版的《理论热点面对面·2008》获中共中央宣传部、新闻出版总署颁发的2008年首届优秀通俗理论读物奖。

1月6日，中央学习实践科学发展观活动第11指导检查小组组长傅克诚一行在总署党组副书记、副署长蒋建国陪同下，到本社检查深入学习实践科学发展观活动情况并指导工作，对我社工作给予高度评价。

1月8日，本社获新闻出版行业抗震救灾先进集体称号。根据总署党组决定，1月12日在全国新闻出版局长会议上予以表彰。

2月27日，本社召开深入学习实践科学发展观活动总结大会。从2008年10月到2009年2月，本社按照中央的统一部署和新闻出版总署的安排，在广大党员中广泛深入地开展了学习实践科学发展观的活动。

4月20日，本社与中国新闻出版报联合主办公益性出版社改革座谈会。人民出版社、民族出版社、中国盲文出版社和中国藏学出版社的主要负责人就公益性出版社下一步的改革和发展问题进行了深入的研讨。会议由人民出版社社长黄书元主持，新闻出版总署出版产业发展司司长范卫平参加会议并讲话。

6月4日，刘云山同志对《马克思恩格斯文集》（10卷本）、《列宁专题文集》（5卷本）的出版工作专门作出批示："这两套文集的编校、装帧、印刷，一定要精益求精，使其成为高质量、高水平的精品工程和标志性工程。"

6月9日，总署党组决定，辛广伟同志任人民出版社党委副书记，人民出版社副总编辑，代理总编辑职务（正局级）。

6月23日，本社向新闻出版总署呈报《人民出版社改革发展方案》。本《方案》是根据总署领导的指示意见精神，在广泛征求专家意见和社内职工意见的基础上，突出了人民出版社改革发展的指导思想、目标要求和主要措施。

7月，为了纪念新中国成立60周年和2010年人民出版社重建60周年，经过近3年的系统整理，本社从历年出版的2万多种作品中精选出在当时产生过重要历史作用，在当下仍具深刻思想性、学术性以及珍贵史料价值的经典优秀代表作品，重点推出了《人民文库》，第一批共50种图书已经出版。

8月31日，根据总署安排，在本社召开社领导班子调整大会。总署副署长、党组成员孙寿山、邬书林及人事司司长孙文科，机关党委副书记、纪委书记李潞，人事司干部处处长许文彤莅临会议。孙寿山、邬书林同志发表重要讲话。孙文科宣读了辛广伟、于青、李春生、乔还田四位同志的任命决定：辛广伟任人民出版社副总编辑，代理总编辑职务；于青任人民出版社副总编辑；李春生任人民出版社副社长；乔还田任人民出版社副总编辑。本社中层干部、高级职称以上人员参加了会议。

9月1日，《朱镕基答记者问》由本社出版，9月2日起在全国公开发行。该书收录了朱镕基同志在担任国务院副总理、总理期间回答中外记者提问和在境外发表的部分演讲，内容涉及经济、政治、文化、外交等领域。

9月29日下午，中共中央政治局常委李长春同志亲赴人民出版社视察调研，看望慰问出版社的全体员工，并向全国出版工作者致以节日的祝贺和良好祝愿。随同李长春同志到人民出版社视察的有：中共中央政治局委员、中宣部部长刘云山，新闻出版总署署长柳斌杰，中宣部副部长李东生，新闻出版总署副署长蒋建国、邬书林及总署办公厅主任刘建国、出版管理司司长吴尚之等。本社离退休干部代表、老编辑代表、中层以上干部参加了座谈会。

10月1日，在新中国60周年庆典仪式上，社长、党委书记黄书元同志作为全国文化出版界的代表登上国庆60周年庆典花车，接受检阅。

　　10 月 14 日—18 日，我国以主宾国身份参加 2009 年法兰克福书展，本社参展人员由黄书元社长带队。书展期间，本社分别与土耳其、俄罗斯、西班牙签订版权输出合约 42 种；与英国、德国出版商洽谈意向性版权协议 13 种。

　　11 月 22 日，在人民大会堂举行《新华文摘》创刊 30 周年庆典活动。

　　11 月 26 日，本社获得法兰克福国际书展中国主宾国活动组委会授予的"2009 年法兰克福国际书展中国主宾国活动版权输出先进奖二等奖"。

　　12 月 18 日，本社《人物》杂志举办创刊 30 周年庆典活动。

　　12 月 23 日、25 日，10 卷本《马克思恩格斯文集》和 5 卷本《列宁专题文集》由本社出版。23 日起由新华书店发行。25 日，《马克思恩格斯文集》、《列宁专题文集》出版座谈会在京举行，中共中央政治局常委李长春出席会议并讲话。

1月6日、7日，新闻出版总署下发《关于同意设立人民东方出版传媒有限公司的批复》，同意本社设立人民东方出版传媒有限公司。7日，人民东方出版传媒有限公司挂牌仪式在京举行。新闻出版总署副署长邬书林出席并讲话。

2月，本社和学习出版社共同出版的《理论热点面对面·2009》获第二届优秀通俗理论读物奖。

2月22日，为推进本社改革，社委会决定设立两个办公室：人民出版社事业部分改革办公室和人民出版社企业部分改革办公室。事业部分改革办公室由辛广伟牵头，陈有和、于青、乔还田协助。企业部分改革办公室由任超牵头，沈水荣、李春生协助。

4月15日，青海省玉树藏族自治州玉树县发生7.1级地震后，社党委、社委会紧急召开会议，部署抗震救灾工作，第一时间向灾区人民捐赠款物献真情。本社共捐款2034865元。其中，以人民出版社名义捐款200万元，职工捐款34865元。同时筹集50顶棉帐篷、1000床棉被，并调拨《地震灾害自救互救防疫》、《地震来了怎么办》（挂图）等8种普及地震常识、传授救灾知识、弘扬赈灾精神的图书。本社还参加了中央电视台《情系玉树 大爱无疆——抗震救灾大型募捐活动特别节目》。

4月22日至25日，黄书元社长、乔还田副总编辑等一行4人参加了在希腊举行的第七届萨洛尼卡国际书展暨中国主宾国活动。书展期间，本社先后与希腊Literary Agency（版权代理及互译公司）、雅典相关翻译中心就版权贸易交流、中希互译等合作事宜洽谈。书展期间，本社带去的《中国模式》等十多种由本社编辑出版的英文版书全部销售一空。

4月24日—28日，本社参加在成都举行的第20届全国图书交易博览会。在博览会上，本社重点陈列了《马克思恩格斯文集》、《列宁专题文集》、《辉煌历程——庆祝新中国成立60周年重点书系》等一批重点图书，销售码洋150万元以上，创历史最高水平。

6月8日，刘云山同志在本社《〈马克思恩格斯文集〉、〈列宁专题文集〉出版发行情况专报》第1期作出批示：两部文集的编辑出版是高质量高效率的，社会反响热烈，得到各方面的好评。媒体要进一步加大宣传推介力度。电视可再作一些介绍，报刊可组织专家学者的推介文章，以扩大影响、推动发行。

6月25日，根据中宣部《关于做好庆祝建党90周年和纪念辛亥革命100周年重点选题出版工作的通知》，本社的《孙中山传》（张磊著）和《辛亥革命的前前后后》（金冲及著）列入纪念辛亥革命100周年重点选题。

6月30日，在中国共产党成立89周年之际，由新闻出版总署主管、人民出版社承建的"中国共产党思想理论资源数据库与传播工程"首期宣告落成，并正式上线运行，这是出版界向党的生日献上

的一份厚礼。

8 月 8 日，甘肃舟曲特大山洪泥石流灾害发生后，本社职工发扬一方有难、八方支援的精神，积极向灾区群众送温暖、献爱心。截至 19 日上午共有 334 名职工参加捐款（含 4 位离退休同志），共计捐款 36130 元，我社另以人民出版社名义捐款 1000 万元。

8 月 20 日，《希腊哲学史》第四卷由本社正式出版，标志着这项延续近 30 年的宏伟学术工程圆满结束。《希腊哲学史》（四卷本）作为国家社科重大项目倾注了中国老中青三代学人心血，是我国第一部多卷本希腊哲学史著作，是世界上第二部完整的《希腊哲学史》著作，前三卷分别于 1988 年、1993 年和 2003 年由本社出版。

12 月，本社编辑出版《中国家庭应急手册》。《中国家庭应急手册》是新闻出版总署策划并组织实施的一部公益性出版物，本社接到这一公益性重大出版任务后，社领导高度重视，黄书元社长、辛广伟代总编、于青副总编亲力亲为，参与到编辑工作中，给予了大量工作指导，黄书元社长和任超副社长亲自组织制订发行方案和宣传方案，审定费用预算方案，以保证通过各种途径在最大范围内让广大民众看到这部实用性图书。

12 月 6 日，经国家出版基金管理委员会批准，本社《中国共产党领袖文库·先驱系列》项目获国家出版基金资助。

12月14日，《朱镕基答记者问》获第六届"国家图书馆文津图书奖"。

12月15日至17日，由本社承办的中国共产党思想理论资源数据库荣获由中国出版工作者协会、中国出版科学研究所评选的"十一五"突出成就网站。

···

2011年

1月7日，人民出版社在京隆重举行了《马克思恩格斯文集》、《列宁专题文集》发行突破2万套表彰大会。新闻出版总署副署长阎晓宏、中宣部出版局局长陶骅以及各省新华发行集团代表、民营书店代表、网络经销商代表等400余人参加了表彰大会。

2月11日，经过年度考核各项程序，并经总署党组会议研究决定，本社黄书元社长为直属单位领导班子优秀等次人员。

2月18日，新闻出版总署党组书记、署长柳斌杰一行16人到本社调研指导工作，邬书林副署长主持会议。在调研座谈会上，黄书元社长介绍了我社"十二五"规划的制订过程及主要内容，着重汇报了2011年工作目标、任务、亮点和措施以及需要总署支持和帮助解决的七个问题。柳署长在讲话中明确将庆祝人民出版社创建90年列为总署全年工作重点之一。

2月28日，由本社出版的《中国社会保障改革与发展战略》（1—4卷）首发式在中国人民大学逸夫会议中心隆重举行。全国人大常委会副委员长华建敏、全国政协副主席张梅颖、人力资源和社会保障部副部长胡晓义等多位领导及本社代总编辑辛广伟出席首发式并讲话。这套书自2007年5月启动以来，曾得到温家宝总理、李克强副总理等多位中央领导同志的重视和直接关注。

3月10日，据新闻出版总署《关于公布第二届中国出版政府奖评奖结果的通知》文件公告，本社在第二届中国出版政府奖评奖中喜获多项殊荣：人民出版社荣获先进出版单位奖；《马克思恩格斯文集》（共10卷）荣获社科类图书奖；《新华文摘》荣获社科类期刊奖；《中国美术60年：1949—2009》荣获印刷复制奖；《列宁专题文集》（共5册）荣获印刷复制提名奖；中国共产党思想理论资源数据库荣获网络出版物奖提名奖。

3月30日，由中国社会科学院科研局、哲学所和人民出版社联合举办的《东方哲学史》（五卷本）出版座谈会在中国社会科学院学术报告厅举行。中国社会科学院常务副院长王伟光在会上致辞。中国社会科学院副秘书长、科研局局长晋保平主持会议。本社副总编辑乔还田在会上讲话。

4月11日，《朱镕基答记者问》一书英文版首发式由我社与牛津大学出版社共同在伦敦举行。正在英国访问的中共中央政治局委员、上海市委书记俞正声，中国驻英国大使刘晓明，中国外文局局长周明伟以及牛津大学名誉校长彭定康出席了首发式，黄书元社长率团参加。

6月14日，经国家出版基金评审专家组评审并报国家出版基金管理委员会批准，2011年度国家出版基金拟资助项目名单已经产生，我社共有四个项目获得资助，分别是：《马克思恩格斯选集》、《列宁选集》、《李达全集》、《金岳霖全集》。

6月15日，我社"人民金典语义查询系统"获得第五届"王选新闻科学技术奖"一等奖。

6月24日，为庆祝建党90周年，我社确定出版90种重点图书为建党90周年献礼。这些图书既包括《社会主义通史》、《共产党通史》、《中国共产党延安时期若干重要问题研究》等党史研究、党史文献等具有重要学术价值与文献价值的作品，又有面向一般读者，特别是青少年读者群的党史通俗读物与大型画册等。

7月2日，中共中央总书记胡锦涛《在庆祝中国共产党成立90周年大会上的讲话》单行本，由我社出版。

7月27日，由中共中央党史研究室编写的《中国共产党历史大事记（1921年7月—2011年6月）》单行本由我社出版。

9月1日，人民出版社创建90周年纪念大会在北京人民大会堂举行。中共中央政治局常委李长春会见部分与会代表，代表党中央向人民出版社创建90周年表示热烈祝贺，向人民出版社全体职工和广大出版工作者致以诚挚慰问。中共中央政治局委员、书记处书记、中宣部部长刘云山出席大会并

讲话，中共中央政治局委员、国务委员刘延东出席大会。

9月8日，《朱镕基讲话实录》（1—4卷）由人民出版社出版。该书收录了朱镕基担任国务院副总理、总理期间的重要讲话、文章、信件、批语等348篇，约123万字。收入照片272幅，批语、书信及题词影印件30件。

9月19日，马克思主义理论研究和建设工程重点项目——《中国抗日战争史》由我社出版。

9月19日，根据《中华人民共和国工会法》、《中国工会章程》和《工会基层组织选举工作暂行条例》，人民出版社召开工会换届选举大会。经报请新闻出版总署直属机关工会委员会批准：于青同志任人民出版社第三届工会委员会主席兼任妇女工作委员会主任、刘济社同志任副主席兼任经费审查委员会主任、安杰同志任专职副主席。

11月4日，由人民出版社及全国17家地方人民出版社共同主办的"纪念辛亥革命100周年暨《辛亥革命全景录》丛书出版座谈会"在北京举行。《辛亥革命全景录》被列入国家十二五规划重点出版项目。该丛书共17卷，由金冲及担任主编，黄书元担任副主编。

11月29日，21世纪国家标志性公益文化工程《清史》将由我社出版。人民出版社社长黄书元与国家清史纂修领导小组办公室主任卜键代表双方签订出版协议，新闻出版总署副署长邬书林、国家清史编纂委员会主任戴逸共同出席签字仪式并讲话。约3500万字100卷的《清史》是党中央、国务院批准的国家重大编纂出版项目，反映了当代中国学术水平。

Postscript 后记

九十年风雨沧桑开盛世，几代人浓墨重彩著华章。为了真实反映几代出版人共同创造的辉煌业绩，在人民出版社创建九十周年之际，我们精心编辑出版了《人民出版社九十年》大型画册。画册真实反映了自 1921 年建社以来，人民出版社始终坚持党的领导，矢志不渝地传播马列主义毛泽东思想和中国特色社会主义理论体系，为中国人民的革命和建设事业，为繁荣哲学社会科学、丰富广大人民群众精神文化生活，做出了巨大贡献。

画册的编辑出版工作是在黄书元社长及社委会的统一领导下进行的，社委会不仅对画册的编辑工作提出了许多指导意见，而且还认真审读原稿，提出了许多具体的修改意见。乔还田副总编辑具体负责画册的编辑出版工作，并审定所有内容。在本书的出版过程中，人民出版社有关部门的同志付出了大量辛勤劳动。

由于画册内容丰富，而编辑出版工作时间相对较短，其中难免会有差错不周之处，敬请读者批评指正。

画册编委会
2012 年 2 月

责任编辑：陈鹏鸣
装帧设计：肖 辉
责任校对：吴海平
责任印制：栾文驹

图书在版编目（CIP）数据

人民出版社九十年/《人民出版社九十年》编委会 编. —北京：人民出版社，2012.2
ISBN 978 - 7 - 01 - 010714 - 1

Ⅰ.①人… Ⅱ.①人… Ⅲ.①人民出版社-历史 Ⅳ.①G239.22

中国版本图书馆 CIP 数据核字（2012）第 030786 号

人民出版社九十年

RENMIN CHUBANSHE JIUSHI NIAN

《人民出版社九十年》编委会 编

人民出版社 出版发行
（100706 北京朝阳门内大街 166 号）

北京盛通印刷股份有限公司印刷 新华书店经销

2012 年 2 月第 1 版 2012 年 2 月北京第 1 次印刷
开本：787 毫米×1092 毫米 1/8 印张：23
字数：98 千字

ISBN 978 - 7 - 01 - 010714 - 1 定价：299.00 元

邮购地址 100706 北京朝阳门内大街 166 号
人民东方图书销售中心 电话（010）65250042 65289539